DERRIBEMOS FORTALEZAS

HÉCTOR TORRES

BETANIA

Un Sello de Editorial Caribe

Betania es un sello de Editorial Caribe

© 1996 Editorial Caribe
Una división de Thomas Nelson Publishers, Inc.
P.O. Box 141000
Nashville, TN 37214-1000
www.caribebetania.com
www.thomasnelson.com
e-mail:editorial@editorialcaribe.com

Derribemos fortalezas
ISBN: 0-88113-120-2

Impreso en EE.UU.
Printed in U.S.A.

19a Impresión

«Este manual será de gran utilidad para la iglesia hispanoamericana en los próximos años».

> **Alberto H. Mottesi**
> Evangelista

*«Derribemos Fortalezas...*puede ser un instrumento en las manos de Dios para acelerar la evangelización de su comunidad, su nación y toda América Latina».

> **C. Peter Wagner**
> Presidente, Global Harvest Ministries
> Seminario Teológico Fuller
> Pasadena, California

«Este libro ha sido escrito con gran acierto como un manual de estrategias para ayudar a revelarnos quién es el enemigo... y cómo lo podemos derribar...».

> **Pastor Randy MacMillan**
> Iglesia Comunidad Cristiana de Fe
> Cali, Colombia

«Los principios de guerra espiritual contenidos en este libro están marcando profundamente la vida de nuestra iglesia y de muchas otras congregaciones de Puerto Rico».

> **Rev. Jorge Darío Rodriguez**
> Iglesia Presbiteriana Montclair
> Isabela, Puerto Rico

«Para mí, *Derribemos Fortalezas* es un libro que con unción espiritual y con la objetividad necesaria, marca pasos precisos».

> **Pastor Héctor F. González**
> Centro Bíblico Shalom
> Ibague, Colombia

«Doy gracias a Dios por el gran caudal de información y tan oportuna enseñanza que provee *Derribemos Fortalezas*».

> **Pastor Loreto Di Césare**
> Iglesia Sobre La Roca
> Houston, TX

Reconocimientos

Este libro fue posible por las oraciones, el apoyo y el amor en Cristo de Cindy Jacobs, Dr. C. Peter Wagner, Alberto Mottesi y mi pastor, Gary Kinnaman, quienes han sido instrumentos de Dios para impactar mi vida y mi conocimiento espiritual.

El 13 de junio de 1990 recibí una invitación del Dr. C. Peter Wagner para ser uno de los participantes en la *Red de guerra espiritual* que tuvo su origen en el movimiento de oración en Lausanne II en Manila, en julio de 1989. La participación activa en las reuniones de esta red, la información compartida por todos los miembros participantes durante estos años y lo que hemos visto, observado y aprendido durante las conferencias y talleres de Guerra Espiritual en Argentina, Colombia, Ecuador, México, Las Filipinas, Uruguay y en los Estados Unidos han provisto en gran parte la información contenida en este volumen.

Debo reconocer las oraciones del «Ministerio de Intercesión» en nuestra congregación «Palabra de Gracia», y en particular el excelente y meritorio trabajo de William Zayas y Alma Martínez quienes colaboraron extensivamente en este manuscrito.

Dedicatoria

*Dedico este libro a mi esposa Myriam quien me ha
apoyado con sus oraciones y su amor por más de
veintidós años, y a mi hermano Gabriel quien me llevó
a los pies del Salvador y me ha apoyado en el
ministerio a través de los años.*

Contenido

Prólogo

Este manual será de gran utilidad para la iglesia
hispanoamericana en los próximos años.

Es posible que el lector no esté de acuerdo con todas
las posiciones del autor, pero todos sí coincidiremos en
cuanto a la realidad de la batalla que se libra en el ámbito
espiritual.

Si no desarrollamos el discernimiento para enfrentar-
nos a los poderes de las tinieblas, no podremos alcanzar
a personas claves ni podremos ocupar ciudades y territorios claves también.

En los últimos años hemos tenido distintas percepciones de la iglesia. La hemos descubierto como un *cuerpo*,
como un *pueblo* y como una *familia*. En la presente
década la vislumbraremos como un *ejército*, incontenti-
ble, invencible, que peleará y ganará en el nombre de
Jesús.

Si el Señor no regresara aún, hallará a la iglesia
hispanoamericana de manera muy diferente en el año
2000. Los sociólogos predicen que para el año 2010, un
tercio de las personas en la América Latina estarán
convertidas al Rey de reyes y Señor de señores. Por ello,
vamos a mirar a cristianos ocupando posiciones de
liderazgo a nivel nacional en sus países.

En la actualidad se está levantando una nueva generación de cristianos. Son enamorados de Cristo; tienen la marca del Calvario; conocen y usan la autoridad del nombre de Jesús.

Con sumo gozo introduzco este manual escrito por mi gran amigo y compañero el pastor Héctor Torres, fogoso predicador y vibrante líder contemporáneo.

Alberto H. Mottesi
Evangelista

Prefacio

¿Qué está diciendo el Espíritu Santo a las iglesias hoy día?

Seguramente muchas cosas, pues la época en que vivimos ha llegado a ser un tiempo crucial en el avance del Reino de Dios. Entre todo lo que dice el Espíritu, una cosa está tomando proporciones muy significativas: «¡Iglesia, prepárate para la batalla!»

La batalla se refiere a la guerra espiritual. De hecho vivimos en una década sin comparación, para la cosecha de almas. Y la cosecha sigue aumentando año tras año. Satanás está resistiendo el avance del evangelio ferozmente, involucrando a todos los fieles seguidores del Señor en la batalla.

La batalla no es un pasatiempo para curiosos ni un jueguito para niños. Es cosa seria. El resultado final no está en duda. Jesucristo ha derrotado a Satanás y sus fuerzas de oscuridad en la cruz del Calvario. Pero el fin no ha llegado ni llegará hasta que vuelva Jesús la segunda vez. Mientras tanto nos manda a nosotros a enfrentar al Enemigo y en las peleas habrá victorias y habrá también heridos.

Algunos hermanos y hermanas tienen miedo de la guerra. Prefieren la comodidad de sus iglesias y no los conflictos allí en el mundo. Mi buen amigo, Héctor Torres no es uno de ellos. Con el coraje de un David enfrentando al gigante Goliat, Héctor Torres ha salido a la vanguardia de la batalla. *Derribemos fortalezas* es un libro inspirador en el cual comparte lo que ha aprendido no solamente en teoría sino también en la práctica.

Un valor principal de *Derribemos fortalezas* es que está escrito en el contexto de Latinoamérica. Por ejemplo, Torres explora la historia de las culturas azteca, maya e inca como raíces espirituales que actualmente dan frutos malignos en contra de los seguidores del Señor. Analiza los cultos a Quetzacóatl, a Pachamama y a San La Muerte para nombrar algunos. Sus instrucciones sobre la cartografía espiritual son de mucho valor.

Este libro puede ser un instrumento en las manos de Dios para acelerar a la evangelización de su comunidad, en su nación y en toda la América Latina. Las enseñanzas de Héctor Torres están llegando al público muy a tiempo. ¡Hoy es el día de la cosecha de almas más grande de toda la historia del cristianismo! ¡Hoy es el día de la batalla espiritual!

¡No podemos encontrar mejor manual para la lucha que *Derribemos fortalezas*!

Dr. C. Peter Wagner
Seminario Teológico Fuller
Pasadena, California

Introducción

Y vi a la bestia, a los reyes de la tierra y a sus ejércitos, reunidos para guerrear contra el que montaba el caballo, y contra su ejército.

Apocalipsis 19.19

No cabe duda de que el día del Señor se avecina con gran rapidez. Los ejércitos de Satanás, el príncipe del aire, han devastado la tierra y la humanidad. Los moradores de la tierra se han levantado contra el Señor y contra su iglesia. Más el Comandante de los ejércitos de Dios está convocando a su iglesia para que como ejército sea equipado, robustecido y fortalecido para que se levante como pueblo fuerte y dispuesto para la batalla.

El profeta Joel dice que vendrá pueblo numeroso y fuerte. Delante de el temblarán los pueblos inconversos pálidos del temor que traerá este ejército irrefrenable que arrasará con todo lo que se le ponga ante su paso. Un ejército que no rompe rango ni confunde su rumbo. Jehová dará su orden de ataque delante de su ejército, porque muy grande es su campamento y el Ejecutador de su orden es poderoso.

Isaías llama a la iglesia durmiente a despertar y levantarse para manifestar la gloria del Señor sobre la tierra, Pablo dice que la creación entera espera ansiosamente la manifestación de los hijos de Dios. El mensaje profético de Dios para la iglesia hoy es el de convocarla y equiparla para la obra del ministerio y una vez entrenada en el arte de la guerra, proclamar guerra contra los ejércitos de las tinieblas y destruir las obras del maligno.

Proclamad esto entre las naciones, proclamad guerra, despertad a los valientes, acérquense, vengan todos los hombres de guerra. Forjad espadas de vuestros azadones, lanzas de vuestras hoces; diga el débil: Fuerte soy. Juntaos y venid, naciones todas de alrededor, y congregaos; haz bajar allá, oh Jehová, a tus valientes. Despiértense las naciones, y suban al valle de Josafat; porque allí me sentaré para juzgar a todas las naciones de alrededor. Meted la hoz, porque la mies está ya madura. Venid a pisar, porque el lagar está lleno, y rebosan las cubas; porque es mucha la maldad de ellos. Multitudes y multitudes en el valle de la decisión; porque cercano está el día de Jehová en el valle de la decisión.

Joel 3.9-14

El propósito de este libro es el de preparar a la iglesia latinoamericana para el llamado de Dios. El pueblo de Dios ha sido víctima por su ignorancia. Es hora de despertar y levantarnos como ejército para llevar la batalla contra las huestes malignas.

¿Quién se levantará por mí contra los malignos? ¿Quién estará por mí contra los que hacen iniquidad?

Salmo 94.16

La iglesia de Cristo ha sido llamada a discernir los tiempos y a proclamar y diseminar la revelación que ha recibido de Dios para equipar los santos. Como centinelas debemos declarar lo que vemos, escribirlo y grabarlo para que el pueblo pueda leerlo (ver Habacuc 2.2)

George Otis, hijo, expresa en su libro *El último de los gigantes* (Ing. p. 34-35) que «La iglesia de Jesucristo es el instrumento principal de revelación en la tierra hoy». Aparentemente, en esta declaración hay tres elementos cruciales para la iglesia:

1) los tiempos que vivimos,

2) el campo de batalla en el que luchamos, y

3) los métodos de Dios para el evangelismo y la guerra espiritual.

Este libro está dividido en tres partes:

1) La guerra espiritual contra *la familia*

2) La guerra espiritual contra *la iglesia*

3) La guerra espiritual contra *las naciones* (la cartografía espiritual)

Nuestro deseo es identificar los tres campos de batalla, las armas que Dios nos ha dado y cómo *Derribar las fortalezas* que el ejército de las tinieblas ha edificado a través de los siglos. Por medio de la *cartografía espiritual* podemos tratar de identificar las fuerzas sobrenaturales que han tomado territorios y establecido fronteras en el mapa del mundo.

Dios está levantando un grupo de hombres y mujeres que como los hijos de Isacar han sido llamados a discernir los tiempos, aprovechar las oportunidades, y tratar de exponer lo que la iglesia debe hacer en este conflicto espiritual.

De los hijos de Isacar, doscientos principales, duchos en discernir las oportunidades y saber lo que Israel debía hacer, cuyo dicho seguían todos sus hermanos.

1 Crónicas 12.32

LA GUERRA ESPIRITUAL

Capítulo 1

La guerra espiritual

Introducción

A través del mundo cristiano hay una ola de interés en las cosas sobrenaturales y se ha venido despertando una inquietud concerniente al tema de la *guerra espiritual*. Numerosos seminarios teológicos e iglesias reformadas y denominacionales han comenzado a estudiar el tema de el evangelismo de poder, sanidad y liberación. En base a ello, se ha provocado gran interés en tres áreas primordiales:

1) Intercesión para romper yugos y traer sanidad y liberación

2) Intercesión por y para el liderazgo cristiano y la iglesia

3) La relación directa entre la oración de intercesión y el *iglecrecimiento* (evangelismo).

Estoy plenamente convencido que el mensaje de Dios para la iglesia en la década de los años noventa es el de equipar a los santos para la *guerra espiritual*, con el fin de concluir la evangelización del mundo antes de su regreso, con «evangelismo de poder».

Parece que existen tres niveles diferentes de guerra espiritual. Quiero aclarar que cada uno de estos pueden tener en sí varias subdivisiones y a la vez entrelazarse uno al otro. Sin embargo existe una línea de separación que nos ayuda a distinguir la diferencia entre dichos niveles.

1) Guerra espiritual a nivel terrenal
(Nivel físico)

Este es el nivel más común y en el cual la iglesia ha estado operando en el pasado. Este nivel de guerra es el conflicto de Satanás contra el ser humano como individuo y contra la familia como base y fundamento de la humanidad.

En este nivel el enemigo usa lo que es comúnmente llamado como:

Fortalezas personales: Estas son cosas que Satanás construye para influenciar en la vida personal del individuo: pecado, pensamientos, sentimientos, actitudes y estilos de disciplina personales (Gary Kinnaman, *Overcoming the Dominion of Darkness*, p. 58). Esto incluye lo que generalmente se conoce como: «Sanidad emocional, sanidad física y liberación».

Entonces, llamando a sus doce discípulos, les dio autoridad sobre los espíritus inmundos, para que los echasen fuera, y para sanar toda clase de enfermedades y dolencias.

Mateo 10.1

Volvieron los setenta con gozo, diciendo: Señor, aun los demonios se nos someten en tu nombre.

Lucas 10.17

Porque de muchos que tenían espíritus inmundos, salían éstos dando grandes voces; y muchos paralíticos y cojos eran sanados.

Hechos 8.7

Grupos e individuos han emergido como «ministerios de liberación» (particularmente entre los movimientos carismáticos y pentecostales). La verdad es que el «Evangelio de poder (masivo)» no puede tener éxito sin alguna medida de liberación. Es inconcebible que en naciones como Brasil, Haití, Uruguay, Argentina y México, se pueda tener un evangelismo efectivo sin un ministerio de liberación que acompañe la predicación de la Palabra de Dios.

2) Guerra espiritual a nivel del ocultismo (Nivel espiritual)

Es evidente que se han podido ver las fuerzas demoníacas obrando mediante brujería, satanismo, vudú, espiritismo, santería, macumba, brujos, necromancia, hechicería, astrología, médiums, etc., etc. (Warfare Prayer, C. Peter Wagner, p. 3). En este nivel el enemigo usa lo que comúnmente se ha llamado como:

Fortalezas ideológicas: Esto concierne al dominio que Satanás ejerce sobre el mundo a través de filosofías que influyen en la cultura y sociedad. (Gary Kinnaman, *Overcoming the Dominion of Darkness*).

Resulta diferente enfrentarse en esta clase de batalla que luchar contra espíritus inmundos, de lujuria, de glotonería, de borrachera, etc. (fortalezas personales).

Parece fuera de lo ordinario un demonio, o demonios que causan grandes conmociones políticas, que incitan a las multitudes a la violencia y a las autoridades locales en contra de la iglesia de Dios.

Aconteció que mientras íbamos a la oración, nos salió al encuentro una muchacha que tenía espíritu de adivinación, la cual daba gran ganancia a sus amos, adivinando. Ésta, siguiendo a Pablo y a nosotros, gritaba, diciendo: Estos hombres son siervos del Dios Altísimo, quienes os anuncian un camino de salvación. Y esto lo hacía por muchos días; Pablo, cansado ya de esto, se volvió y dijo al espíritu: Te

*mando en el nombre de Jesucristo, que salgas de ella.
Y salió en aquel mismo momento.*

*Viendo sus amos que había desaparecido la espe-
ranza de su ganancia, prendieron a Pablo y a Silas,
y los arrastraron hasta la plaza pública, ante las
autoridades; y presentándolos a los magistrados,
dijeron: Estos hombres, siendo judíos, alborotan
nuestra ciudad, y proclamaban costumbres que no
nos es lícito recibir ni hacer, pues somos romanos. Y
se agolpó el pueblo contra ellos; y los magistrados,
rasgándoles las ropas, ordenaron azotarles con va-
ras. Después de haberles azotado mucho, los echa-
ron en la cárcel, mandando al carcelero que los
guardase con seguridad. El cual, recibido este mandato, los metió en el calabozo de más adentro, y les
aseguró los pies en el cepo.*

Hechos 16.16-24

Este nivel se desenlaza para destruir a la iglesia (el
cuerpo de Cristo), para destruir pastores, ministerios e
impedir el evangelismo. Y además para mantener la
ceguera ante el evangelio, las tinieblas y la oscuridad
espiritual.

El Dr. C. Peter Wagner en su libro *Oraciones de Guerra:
Estrategia para combatir los poderes del mundo de
tinieblas* dice: «En Alemania hay más brujos inscritos en
los registros de gobierno que ministros cristianos. Un
misionero en Francia indica que la mayoría de los
franceses consulta a brujos curanderos más que a médi-
cos profesionales». Es indispensable saber que la religión
de más acelerado crecimiento en muchos lugares del
mundo es el satanismo.

En Matamoros, México, hace pocos años se descubrieron más de dieciocho cadáveres, víctimas sacrificadas a

Satanás por narcotraficantes, los cuales hacían ritos de sacrificio humano para buscar del maligno la protección de las autoridades locales.

En Miami, Florida, la comunidad ha sido invadida por brujos de santería y practicantes de vudú que han arribado con la inmigración de cubanos y haitianos. Diariamente se encuentran los cadáveres de gatos, perros, aves descabezadas y hasta de niños victimizados en ritos de sacrificio humano, nada diferentes de aquellos a Baal. La santería ha tomado tanta fuerza, que los gobiernos de la Florida y de la ciudad de Miami han consultado oficialmente con santeros, para calmar al pueblo en las ocasiones en que han ocurrido muertes entre la policía y las minorías étnicas (ethnos).

En los Estados Unidos le fue dada mucha atención al hecho de que Nancy, la esposa del presidente Reagan, consultara con un astrólogo en Washington, para controlar las decisiones a nivel mundial. El ex candidato a la presidencia Miguel Dukakis del estado de Massachusetts, nombró como bruja oficial a una mujer de su estado.

Las naciones de Latinoamérica que menos han visto un avivamiento son Argentina, Uruguay y Venezuela. En Argentina existía una increíble apatía por el evangelio. Pero los argentinos conocidos internacionalmente por su reputación de orgullosos (Uruguay les sigue en los talones) sufrieron una vergonzosa derrota ante el mundo entero en 1982 frente a Inglaterra, durante la llamada Guerra de las Malvinas. Los argentinos, con su orgullo quebrantado, vieron que tanto su religión como los militares les habían fallado, por lo que comenzaron a buscar algo nuevo y hoy día Argentina es conocida como una de las tres naciones de más prodigioso crecimiento de la iglesia en Latinoamérica.

Pero lo sucedido en Argentina fue que la nación próspera y económicamente fuerte (considerada por muchos como la joya de Suramérica durante las décadas de los años cincuenta y sesenta), comenzó a decaer cuando Juan Domingo Perón se unió a un poderoso brujo ocultista llamado José López Rega, popularmente conocido como «el Brujo». Este sirvió como Ministro de Beneficios Sociales y al morir Perón en 1974, se constituyó en consejero privado de su esposa Isabel durante sus dos años de presidencia. Durante ese tiempo, trajo maldición a la Argentina edificando monumentos públicos a la brujería (ya desmantelados). Cuando los militares lo derrocaron durante el golpe de 1976, maldijo a la nación abiertamente.

El espíritu «macumba» de Brasil ha invadido áreas de Argentina y Uruguay. Sin embargo, durante unas cruzadas de evangelismo en Fray Bentos, Uruguay, en noviembre de 1991, la iglesia local creció más de el veinticinco porciento y se vieron numerosos milagros y liberaciones. Durante esos días los macumberos rompieron las puertas y ventanas de la iglesia bautista y destruyeron muchas cosas dejando detrás de ellos las paredes, muebles, etc., contaminadas con heces fecales por tres días consecutivos. No obstante comenzó en esa ciudad una nueva unidad pastoral y un avivamiento entre la población.

Recientemente la revista «SOMOS» de Argentina reportó que el Presidente Carlos Menem consulta regularmente con su «bruja personal» llamada Ilda Evelia a quien ha retenido por 28 años. Apunta además, que un alto oficial del gobierno ha dicho: «La verdad es que la mayoría de nosotros consultamos con brujos y lo hacemos con frecuencia».

3) Guerra espiritual a nivel estratégico (Cartografía espiritual) (Nivel político)

En este nivel el enemigo usa lo que comúnmente se ha llamado como:

Fortalezas territoriales: Estos representan la jerarquía de seres malignos, quienes estratégicamente son asignados por el mismo Satanás para influir y controlar a las naciones, comunidades y aun a la familia. Ciertas fuerzas demoníacas se amontonan en diferentes ciudades para fortificar algunas clases de maldad. En determinadas ciudades habrá fortalezas de idolatría, pecados, u otros tipos de espíritus religiosos.

Es muy probable que en este nivel la oposición es aún más fuerte. La concentración de poderes demoníacos, llamados dominios y tronos (ver Colosenses 1.16) son asignados como «espíritus territoriales». Esta clase de guerra es más intensa que el echar un demonio de lujùria o batallar contra espíritus de santería y macumba.

> *Después hubo una gran batalla en el cielo: Miguel y sus ángeles luchaban contra el dragón; y luchaban el dragón y sus ángeles....*
>
> Apocalipsis 12.7

> *En aquellos días yo Daniel estuve en duelo por espacio de tres semanas. No comí manjar delicado, ni entró en mi boca carne ni vino, ni me ungí con ungüento, hasta que se cumplieron las tres semanas.*
>
> Daniel 10.2-3

> *Entonces me dijo: Daniel, no temas; porque desde el primer día en que aplicaste tu corazón a entender y a humillarte en la presencia de tu Dios, fueron oídas tus palabras; y a causa de tus palabras yo he venido. Mas el príncipe del reino de Persia se me*

*opuso durante veintiún días; pero he aquí que Mi-
guel, uno de los principales príncipes, vino para
ayudarme, y quedé allí con los reyes de Persia.*

Daniel 10.12-13

*...y me dijo: Muy amado, no temas; la paz sea
contigo; ten valor y ánimo. Y en cuanto él me habló,
recobré las fuerzas y dije: Hable mi señor, porque
me has fortalecido. Él me dijo: ¿Sabes por qué he
venido a ti? Pues ahora tengo que volver para pelear
contra el príncipe de Persia; y al terminar con él, el
príncipe de Grecia vendrá. Pero yo te declararé lo
que está escrito en el libro de la verdad; y ninguno
me ayuda contra ellos, sino Miguel vuestro príncipe.*

Daniel 10.19-21

*En los cuales anduvisteis en otro tiempo, siguiendo
la corriente de este mundo, conforme al príncipe de
la potestad del aire, el espíritu que ahora actúa en
los hijos de desobediencia.*

Efesios 2.2

*Yo sé (tus obras, y) dónde habitas, donde está el
trono de Satanás; pero retienes mi nombre, y no has
negado mi fe, ni aun en los días en que Antipas mi
testigo fiel fue muerto entre vosotros, donde mora
Satanás.*

Apocalipsis 2.13

Un ex miembro de la guerrilla colombiana, después
de convertido, relató un incidente al evangelista Alberto
Mottesi: «En la población de El Bagre, Colombia las
guerrillas intentaron varias veces tomar el pueblo, mas
siempre ocurrió algo que les impidió llevar a cabo esta
osadía. La guerrilla es por regla general muy supersticio-
sa y fueron a consultar a un brujo para saber el motivo
por el cual no habían podido lograr su objetivo. El brujo

le dijo cómo dos pequeñas iglesias evangélicas se reunían semanalmente para orar puntualmente por la población y pedir la protección de Dios. Su último comentario fue: "Mientras estén orando y en unidad, no podrán lograr dicho objetivo"».

¿A qué vino Jesucristo?

El que participa el pecado es del diablo; porque el diablo peca desde el principio. Para esto se manifestó el Hijo de Dios, para deshacer las obras del diablo.

1 Juan 3.8

Porque el Hijo del Hombre vino a buscar y a salvar lo que se había perdido.

Lucas 19.10

¿Cuál es el propósito de la «guerra espiritual»?

Es el de involucrar a la iglesia en la batalla e intercesión para:

1) Romper yugos y ataduras. Traer sanidad física y emocional y liberación.

2) Proteger y cubrir a la iglesia local, nacional y universal y a los líderes contra los ataques del maligno.

3) Producir una cosecha de evangelismo masivo y de poder para alcanzar a los perdidos.

Introducción a la batalla espiritual

1. Nivel terrenal (reino físico) Fortalezas personales

TRES NIVELES DE BATALLA ESPIRITUAL

2. Nivel espiritual (ocultismo) Fortalezas ideológicas

3. Nivel estratégico (reino de la política) Fortalezas territoriales, Cartografía espiritual

Propósito de la batalla: Atraer la atención de la iglesia en la intercesión y batalla para:

1) romper el yugo de esclavitud, traer liberación, y sanidad emocional y física.

2) proteger a la iglesia y su liderazgo contra los ataques del enemigo.

3) producir una cosecha, a través del poder masivo del evangelismo.

Definiciones:

Fortalezas:

«Una mente predispuesta impregnada con desesperanza, que conduce al creyente a aceptar el hecho de que no se puede cambiar algo que el (ella) saben que es contrario a la voluntad de Dios». (Edgar Silvoso, «Plan de resistencia», p. 3).

Fortalezas:

Lugares fortificados que Satanás construye para exaltarse a sí mismo contra la sabiduría y los planes de Dios (2 Corintios 10.4).

Espíritus:

A) Morada donde los sentimientos y las emociones residen. Disposición mental o mente racional. (Ej. espíritu de temor, espíritu de lujuria, espíritu de fe)

B) Espíritus sobrenaturales: Ángeles o demonios. (Ej. espíritu de adivinación).

C) Espíritu divino: El Santo Espíritu de Dios.

El propósito de la iglesia

> *Alumbrando los ojos de vuestro entendimiento, para que sepáis cuál es la esperanza a que él os ha llamado, y cuáles las riquezas de la gloria de su herencia en los santos, y cuál la supereminente grandeza de su poder para con nosotros los que creemos, conforme a la eficacia de su fuerza, la cual ejercitó en Cristo, resucitándole de los muertos y sentándole a su diestra en los lugares celestiales, por encima de todo principado, autoridad, poder y señorío y de todo nombre que se nombra, no sólo en este siglo, sino también en el venidero; y sometió todas las cosas bajo sus pies, y lo dio por cabeza sobre todas las cosas a la iglesia, la cual es su cuerpo, la plenitud de Aquel que todo lo llena en todo.*
>
> Efesios 1.18-23

El llamamiento a la iglesia ha sido el poner bajo los pies de Cristo a todo poder del enemigo. Para llevarlo a cabo tenemos primeramente que conocer al enemigo. Y en segundo lugar preparar la estrategia para contrarrestar todos sus ataques. Sabemos que el propósito de Satanás es de impedir que el pueblo de Dios pueda obrar con el dominio, poder y unción que le han sido dados por Él, a través del Espíritu Santo, para vencer.

Dios nos llama a ser agentes para cambiar al mundo y no a personas cambiadas por el mundo. Es fácil perder el enfoque y la visión de Dios cuando quitamos nuestros ojos del Señor y dirigimos nuestra vista a nosotros mismos.

Toda persona busca cuatro cosas:

1. La comodidad: Se logra mediante la adquisición de bienes materiales, viviendo de una vida de prestigio y dedicando nuestro tiempo a la diversión.

2. La seguridad: A través de lo que adquirimos y de lo que hacemos, tratamos de evitar cualquier cosa que nos cause inseguridad o temor. Suplirnos de recursos que nos protejan en tiempos difíciles y turbulentos.

3. El orgullo: Deseamos que otros nos acepten y nos amen y lo hacemos con la intención o el propósito de sentirnos satisfechos. Aun en el oficio del ministerio.

4. El amor a nosotros mismos: Hacemos todo lo necesario para tener y obtener nuestra propia conveniencia. Prefiriéndonos en todo momento a nosotros mismos. Cuando nos sacrificamos es solamente si nos conviene y no tomamos en cuenta cómo ni cuándo afectamos a otros.

Como cristianos nuestro deber es:

1. Ser siervos: Es decir, servir a otros para que sus vidas tengan un mayor significado. Gocémonos en el saber que estamos ayudando a otros y que recibiremos del Señor justa recompensa. El siervo de Dios *sirve* a otros.

2. Ser discípulos: Tener fe confiando en las promesas de su provisión. Creyendo que Dios conoce nuestras necesidades y lo que nos conviene, por lo cual responderá a nuestras peticiones. Aprendiendo a caminar en las promesas de Dios es ser discípulos.

3. Ser ministros (el amor a otros): Enfocando nuestro amor en otros aun en medio de sus faltas, de igual manera que Dios nos amó primeramente cuando estábamos perdidos en el pecado. Ministrar en todo lo que

hacemos y decimos está basado en la compasión que sentimos por la humanidad y por sus sufrimientos.

4. Ser sacerdotes: El amar a Dios sobre todas las cosas, el tener comunión con Dios, alabarle y ofrecerle sacrificio, es ser un sacerdote.

Al enfocar nuestra visión en estas cuatro áreas, podremos alcanzar los objetivos por los cuales Jesucristo nos llenó de su poder y nos envió dándonos la Gran Comisión para reconciliar al mundo con Él.

Y todo proviene de Dios, quien nos reconcilió consigo mismo por medio de Cristo, y nos dio el ministerio de la reconciliación; a saber, que Dios estaba en Cristo reconciliando consigo al mundo, no tomándoles en cuenta a los hombres sus transgresiones, y nos encargó a nosotros la palabra de la reconciliación.

2 Corintios 5.18-20

Entonces, ¿qué requiere Dios de su iglesia y de nosotros los miembros de su cuerpo?

1. Ganar almas para Cristo (impacto)

Y les dijo: Id por todo el mundo y proclamad el evangelio a toda criatura.

Marcos 16.15

Y que se predicase en su nombre el arrepentimiento y el perdón de pecados a todas las naciones, comenzando desde Jerusalén.

Lucas 24.47

2. Hacer discípulos (excelencia)

Y Jesús se acercó y les habló diciendo: Toda autoridad me ha sido dada en el cielo y sobre la tierra. Por tanto, id, y haced discípulos en todas las naciones, bautizándolos en el nombre del Padre, y del

Hijo, y del Espíritu Santo; enseñándoles a guardar todas las cosas que os he mandado; y he aquí que yo estoy con vosotros todos los días, hasta el fin del mundo.

Mateo 28.18-20

¿Cuál es la definición de discípulo? Es un adorador, obediente a la Palabra de Dios, un siervo de Dios y de su prójimo, que se puede enseñar, y que abraza una vida de arrepentimiento.

3. Equipar a los santos para reunir un ejército para batallar (movilización).

Y él mismo dio: unos, los apóstoles; otros, los profetas; otros, los evangelistas; y otros los pastores y maestros, a fin de equipar completamente a los santos para la obra del ministerio, para la edificación del cuerpo de Cristo, hasta que todos lleguemos a la unidad de la fe y del pleno conocimiento del Hijo de Dios, a la condición de un hombre maduro, a la medida de la edad de la plenitud de Cristo; para que ya no seamos niños, zarandeados por las olas y llevados a la deriva por todo viento de doctrina, por estratagema de hombres que para engañar emplean con astucia las artimañas del error, sino que aferrándonos a la verdad en amor, crezcamos en todo hacia aquel que es la cabeza, esto es, Cristo, de quien todo el cuerpo, bien ajustado y trabado entre sí por todas las junturas que se ayudan mutuamente, según la actividad adecuada de cada miembro, recibe su crecimiento para ir edificándose en amor.

Efesios 4.11-16

4. Establecer una comunidad cristiana. Es decir derribar las divisiones entre iglesias, denominaciones y mi-

nisterios y colaborar en unidad para llevar a cabo los tres aspectos anteriores.

5. Renovar la conducta cristiana. Somos llamados a ser epístolas vivientes.

Vosotros sois nuestra carta, escrita en nuestros corazones, conocida y leída por todos los hombres; siendo manifiesto que sois carta de Cristo expedida por nosotros, escrita no con tinta, sino con el Espíritu del Dios vivo; no en tablas de piedra, sino en tablas de carne del corazón.

2 Corintios 3.2-3

Debemos demostrar por nuestra conducta que vivimos lo que creemos. Somos hacedores y no solamente oidores. Todo cristiano debe ser reconocido como una persona de integridad y llena de amor y compasión.

6. Renovar la imagen de la iglesia. Muchos han dado la espalda a la iglesia porque no ha tenido relevancia, ni las respuestas para los sufrimientos y necesidades de los que están bajo el yugo y cautiverio del mundo y sus problemas. Esto ocurre primordialmente en tradiciones religiosas y con predispocisiones mentales acerca del evangelio.

7. Defender la moral cristiana. Si no batallamos contra los ataques del enemigo caeremos víctimas de nuestra indiferencia a las cosas de Dios.

La clave está en examinar nuestras prioridades en el ministerio, en nuestras vidas y en la iglesia y consagrarnos a obedecer a Dios. Todos debemos colaborar para poder hacer esta obra, mediante un pacto con Dios, de que le serviremos con todo nuestro ser, para su gloria y no la nuestra.

Finalmente, un hijo es aquel que conoce su parentesco pero un discípulo es aquel que obra en lo que conoce. (No es solamente un oidor sino un hacedor).

Dios está buscando usar ministerios creíbles; no ministerios increíbles. Debemos tener credibilidad ante el mundo, es decir, nuestra actitud y conducta son el barómetro de nuestra relación y consagración a Dios.

Capítulo 3

Jesús y la iglesia
en la ofensiva

El ministerio público del Señor Jesucristo comenzó al nivel estratégico de guerra espiritual.

> *Jesús, lleno del Espíritu Santo, regresó del Jordán, y era conducido por el Espíritu al desierto...*
>
> Lucas 4.1

> *Jesús regresó a Galilea en el poder del Espíritu, y las noticias sobre él se difundieron por toda la comarca circunvecina.*
>
> Lucas 4.14

Jesucristo sirviendo, comenzó su ataque contra el enemigo en el nivel más alto. Destacando así, que era la hora del Reino de Dios. Jesús había venido a destruir las obras del maligno.

Una de las palabras con que traducimos *desierto* es el vocablo *eremos*. Según el *Diccionario Teológico del Nuevo Testamento*, significa: «un sitio de peligro de muerte[...] y de poderes diabólicos». En esta intensa batalla Satanás le ofreció a Jesús «todos los reinos del mundo y la gloria de ellos», más Satanás no pudo contra Él por el poder del Espíritu y tuvo que dejarlo ir.

Tres años y medio después, despojó (deshizo) a los poderes y autoridades. Hizo con ellos un espectáculo público, triunfando por medio de la cruz.

Jesús le dio a su iglesia autoridad sobre todo el poder del enemigo.

Volvieron los setenta con gozo, diciendo: Señor, aun los demonios se nos someten en tu nombre. Y les dijo: Yo veía a Satanás caer del cielo como un rayo. He aquí os doy potestad de hollar serpientes y escorpiones, y sobre todo poder del enemigo, y nada os dañará. Pero no os regocijéis que los espíritus se os someten, sino regocijaos de que vuestros nombres están escritos en los cielos.

Lucas 10.17-20

Jesucristo nos envió el Espíritu Santo para poder concluir lo que el había comenzado.

De cierto, de cierto os digo: El que cree en mí, las obras que yo hago, también él las hará; y aun hará mayores que éstas, porque yo voy al Padre.

Juan 14.12

Como tú me enviaste al mundo, así yo los he enviado al mundo. Y por ellos yo me santifico a mí mismo, para que también ellos estén santificados en la verdad.

Juan 17.18-19

Después el fin, cuando entregue el reino al Dios y Padre, cuando haya suprimido todo principado, toda autoridad y potencia. Porque es preciso que él reine hasta que haya puesto a todos sus enemigos debajo de sus pies.

1 Corintios 15.24-25

El peligro ocurre en que muchos cristianos ignoran, que aún después de la cruz, la Biblia llama a Satanás:

- El dios de este mundo:

...en los cuales el dios de este mundo cegó los pensamientos de los incrédulos, para que no les resplandezca la iluminación del evangelio de la gloria de Cristo, el cual es la imagen de Dios.

2 Corintios 4.4

- El príncipe de la potestad del aire:

En los cuales anduvisteis en otro tiempo, siguiendo la corriente de este mundo, conforme al príncipe de la potestad del aire, el espíritu que ahora actúa en los hijos de desobediencia.

Efesios 2.2

- Que todo el mundo yace en el poder del maligno:

Sabemos que somos de Dios, y el mundo entero yace en el poder del maligno.

1 Juan 5.19

Muchos intentan entrar en la guerra espiritual sin estar capacitados para ello, sin estar equipados para la obra y como consecuencia caen víctimas de su ignorancia.

Mi pueblo fue destruido porque le faltó conocimiento.

Oseas 4.6a

En este libro intentaré impartir parte del conocimiento que los miembros de la «Red de guerra espiritual» han podido desarrollar. Vale la pena aclarar que muchas de estas áreas se encuentran en un proceso infantil, es decir, son conceptos nuevos que están bajo observación, estudio y desarrollo.

El Doctor C. Peter Wagner escribe en su libro (mencionado anteriormente en este capítulo): «El objetivo central o primordial de Satanás es prevenir e impedir que Dios sea glorificado».

En primer lugar, cuando Dios no es glorificado en la vida de un individuo, en la iglesia, en las ciudades o en las naciones, Satanás ha logrado en parte su objetivo. Cuando los perdidos mueren sin conocer a Dios, el maligno obtiene una victoria eterna.

Segundo, Satanás intenta hacer todo lo posible para que los seres humanos sean los más miserables durante sus vidas. El enemigo viene a matar, hurtar y destruir. Al ver las guerras, el crimen, la pobreza, el racismo, la opresión, y muchas cosas más, podemos afirmar que el enemigo ha tenido un éxito o victoria temporal porque en nada de esto, Dios es glorificado.

> *Mira que te he puesto en este día sobre naciones y sobre reinos, para arrancar y para destruir, y para arruinar y para derribar; para edificar y para plantar.*
>
> Jeremías 1.10

El Señor nos ha dado autoridad para arrancar y derribar, para destruir y derrotar, en Mateo 12.29 y Marcos 3.27 dice que nadie puede entrar en la casa de un hombre fuerte si primero no lo ata; entonces podrá saquear sus bienes.

Jesús dijo que desde los días de Juan el Bautista hasta ahora el Reino de Dios sufre violencia, y los violentos lo conquistan (arrebatan) por la fuerza. La promesa para el ejército de Dios es Romanos 8.37:

> *Pero en todas estas cosas somos más que vencedores por medio de aquel que nos amó.*
>
> Romanos 8.37

A Jeremías le fue dada autoridad sobre naciones y reinos en el ámbito espiritual, como intercesor sobre las naciones. Dick Eastman en su libro *El amor de rodillas* dice: •Los *reinos* son aquellos que reinan en el ámbito espiritual sobre una arena invisible, mientras que *naciones* se refieren al liderazgo natural sobre el área visible.

Arrancar: Significa penetrar hasta lo profundo y remover algo de raíz para que no pueda volver a salir (ejemplo: sacar una raíz de amargura).

Derribar: Su significado es el remover algo que está en un lugar alto, o sea, derribar dictaduras o gobiernos perversos, echar a tierra muros, casas o fortalezas.

Destruir: Representa el arruinar o hacer de algo una cosa inútil.

Derrocar: Remover de una roca o una peña, echar por tierra, precipitar hacia abajo una cosa espiritual o intelectual con gran fuerza.

Edificar: Construir un edificio, fabricar, infundir en otros sentimientos de virtud y piedad.

Plantar: Poner algo en un sitio cuando se tiene la capacidad de crear, fundar o establecer (plantar la fe).

A NIVEL TERRENAL

LA FAMILIA

Capítulo 4

Las tácticas de Satanás contra la familia

Por lo demás, hermanos míos, robusteceos en el Señor, y en el vigor de su fuerza. Vestíos de toda la armadura de Dios, para que podáis estar firmes contra las artimañas del diablo.

Efesios 6.10-11

Artimañas, en el griego, *methodeia* (*meta*, al frente; y *hodos*, camino): métodos, tácticas, estrategias, tretas, astucias, etc. En realidad significa, el seguir un plan o un formato ya establecido.

Es interesante notar que las instrucciones de Pablo acerca de la lucha contra las tinieblas espirituales empieza en Efesios 6:10 con las palabras «por lo demás». En este punto Pablo ha estado instruyendo a la iglesia en Efeso en el área de relaciones, entre esposo y esposa, padres e hijos, patronos y empleados (o sirvientes y amos) o aquellos que están en liderazgo y los que están bajo autoridad.

En otras palabras, sí entiendo la lógica de Pablo. La armadura de Dios y los principios de la batalla espiritual no está limitada a sus explicaciones de exorcismo, prácticas ocultas y fenómenos raros en exóticos campos misioneros. No podemos separar la batalla espiritual de los sucesos ordinarios de la vida cotidiana (*Venciendo el dominio de las tinieblas*, G. Kinnaman, Chosen Books, 1990).

Creo que las tácticas de Satanás son destruir las tres instituciones establecidas por Dios: la familia, la iglesia, y la nación. Porque Satanás asigna a principados, poderes, que gobiernen las tinieblas y maldades espirituales en lugares celestiales para que se conviertan en adversarios y hagan guerra contra estas tres instituciones.

Desde el principio las tácticas de Satanás han sido las de destruir lo que Dios ha bendecido. La primera bendición en la Biblia fue la ordenanza del matrimonio (Génesis 2.24). Satanás, como el destructor, el padre de las mentiras, y el engañador, inmediatamente se interpone para destruir las relaciones entre el hombre y Dios y entre el hombre y la mujer. Por medio de mentiras y engaños provoca que la mujer desobedezca a Dios y que seduzca al hombre, luego los trae en un espíritu de acusación por medio del cual el hombre culpa a la mujer y a Dios. La mujer enseguida acusa a la serpiente (Satanás) tratando de encontrar falta en cualquier otra persona y no en sí misma.

Una vez que la comunión con Dios se ha quebrantado y las relaciones han sufrido daños, Satanás entra en la escena para destruir la familia, y las relaciones entre sus miembros. De esta manera Caín es poseído por un espíritu de rechazo, que le causa celos e ira, y lo guían a matar a su propio hermano.

Luego podemos ver que Satanás hace que los ángeles caídos cohabitaran y se reprodujeran con las hijas del hombre. Por medio de lo cual trajo gran abominación a la vista de Dios.

El resultado final: La intención de los pensamientos del corazón del hombre fue totalmente mala. Por esto, en los días de Noé, Dios borró al hombre de la faz de la tierra y su corazón se afligió mucho. Sin embargo, favoreció a Noé quien fue un hombre justo. Una vez más Él •bendijo• a Noé y a su familia y les mandó que se multiplicaran y que sojuzgaran la tierra.

Después del diluvio Noé se emborrachó, y con esto abrió una brecha para el ataque de Satanás. Puede ser que Cam cometiera un acto homosexual con su padre estando embriagado, de tal modo que recibió la maldición de su padre sobre él y sus descendientes. Esto, una vez más fue un ataque para destruir las bendiciones de Dios destruyendo las relaciones familiares.

El modelo es el mismo a través del libro de Génesis: Abraham y Agar entraron en una relación profana bajo la petición de su esposa Sarai. Cuando Ismael fue concebido, el celo y el rechazo entraron en la escena y el resultado fue el rompimiento y la destrucción de las relaciones en el seno familiar.

Lot y su familia son librados de la destrucción, pero su esposa desobedeció a Dios y fue destruida. Posteriormente, sus hijas bajo la pretensión de preservar la descendencia de la familia, emborrachan a su padre y cometen incesto con él.

Después fue Isaac y Rebeca y sus dos hijos. Jacob por medio del engaño roba la bendición de Esaú y el resultado es una vez más, el rompimiento de las relaciones familiares. Jacob continúa destruyendo las relaciones familiares a través del engaño a Labán. Raquel roba propiedades de su padre y después lo engaña con mentiras para que no encuentre lo que robó.

Ahora Jacob y Raquel cosechan lo que han sembrado en su hijo favorito. José se convierte en el blanco del rechazo, celo y envidia de sus propios hermanos. Posteriormente es vendido y dado por muerto, y esto acarrea gran dolor y congoja en la familia. Este no es un problema biológico, es un problema espiritual.

Satanás reconoce que la familia sirve de base para todas las relaciones. La familia es la cuna del destino de Dios.

Primeramente somos nacidos de una familia natural. Es esta nuestra primera relación humana, nuestra primera exposición hacia el gobierno[...] casi todos los problemas sociales pueden remontarse al colapso de la familia[...] La iglesia es escrituralmente una familia de familias» (*The Rebuilder*, Dennis Peacock. Abril 1990, p. 3).

Las Escrituras nos dicen que *la maldición puede ser transferida hasta la cuarta generación* (Deuteronomio 5.9). La ruptura moral, en la última generación en los Estados Unidos, ha sido el resultado de los intentos de Satanás por destruir a nuestra nación colocando espíritus familiares sobre las instituciones gubernamentales de la nación, nuestras ciudades, y nuestras congregaciones. «Hay fortalezas satánicas sobre países y comunidades; hay fortalezas que influyen a las iglesias y a individuos. Dondequiera que una fortaleza exista, hay un modelo demoníaco en el que pensar. Específicamente, es una «casa hecha de pensamientos» que han venido a ser un lugar de habitación para la actividad demoníaca» (*Los tres campos de lucha espiritual*, F. Frangipane, Advancing Church Publications, 1989, p. 20).

Las artimañas de Satanás son el destruir las instituciones de la familia y el matrimonio. Destruyendo las relaciones en la misma manera que lo ha hecho desde el principio, esto es por medio de: (1) la codicia de los ojos, (2) los deseos de la carne, y (3) la soberbia de la vida (1 Juan 2.16).

Modelos emocionales o mentes predispuestas

Para destruir las bases de la familia han sido desencadenados sobre ésta, la iglesia y la nación, los espíritus de adulterio, fornicación, contienda, engaño, sensualidad, orgullo y necedad. Los resultados pueden verse en el número de divorcios, abortos, suicidios entre los adolescentes, consumo de drogas, homosexualidad, lesbianismo, casamientos entre personas del mismo sexo, como también en el tremendo crecimiento de las religiones orientales, brujería, ocultismo, y la Nueva Era.

El ataque principal de Satanás contra el creyente viene a través de la mente. Esta se convierte en el campo de batalla para la guerra, lo cual es por medio de especulaciones, imaginaciones y pensamientos, donde la confusión y las obras malvadas echan raíces. Satanás llena el corazón del hombre con maldad, por medio del engaño, y después las transforma en armas para destruir o impedir el trabajo de Dios.

Tenemos ahora un llamado para evaluar la situación (observar los tiempos), como Nehemías hizo antes de el comienzo de la restauración del muro. Para proveer (lugar estratégico) a los hombres y mujeres de Dios (familias) de toda la armadura e instruirlos en el uso de sus armas espirituales para tomar la ofensiva en la batalla por nuestras familias, casas e iglesias, y permitir a Dios que frustre los planes del enemigo (Véase Nehemías 4.13). Tenemos que construir muros de protección por medio de la unidad (Nehemías 4.6).

En la batalla espiritual la «resistencia» toma lugar en la mente. El espíritu del mundo (a través de la carne) está en contra del Espíritu de Dios, por medio del espíritu que se ha rebelado (Romanos 7.14-25).

Note los siguientes versos:

Porque aunque vivimos en el mundo, no es la batalla del mundo la que batallamos (Weymonth).

Las armas que manejamos no son necesariamente humanas, son divinas y potentes para demoler fortalezas (NEB).

Nuestra batalla es echar abajo (demoler) cada fantasía engañadora (pensamientos, especulaciones, imaginaciones) que el hombre erige (construye) contra el conocimiento de Dios.

2 Corintios 10.3-5, Phillips

Porque nuestra lucha (batalla) no es contra ningún enemigo físico (Phillips).

Pero contra varios poderes malvados que gobiernan en las tinieblas a nuestro alrededor (20th Century N.T.).

Las huestes malignas se ponen en orden de batalla contra nosotros en una batalla celestial (Weymouth).

Efesios 6.12

Somos llamados a batallar «violentamente» por nuestras familias: *El Reino de Dios sufre violencia y los violentos lo arrebatan* (Mateo 11.12). El plan de la batalla del enemigo no ha cambiado desde el tiempo del Jardín del Edén. Satanás viene a matar, hurtar y a destruir la familia y la comunión con Dios, pero Él nos ha dado las siguientes armas defensivas y ofensivas para poner al enemigo bajo sus pies:

1. la sangre de Jesús
2. el nombre de Jesús
3. el Espíritu Santo
4. la Palabra de Dios
5. varias clases de oración y ayuno

6. adoración y alabanza
7. el ministerio de los ángeles
8. el amor de Dios

Al conocer cómo usar estas armas podremos llevar a cabo con éxito lo que Nehemías 4.14 dijo:

No temáis delante de ellos (los enemigos), acordaos del Señor, grande y temible (Basic English Bible).

PELEAD por vuestros hermanos, por vuestros hijos y por vuestras hijas, por vuestras mujeres y por vuestras casas (NAS).

Capítulo 5

El engaño,
la táctica principal de Satanás

Por lo demás, hermanos míos, robusteceos en el Señor, y en el vigor de su fuerza. Vestíos de toda la armadura de Dios, para que podáis estar firmes contra las artimañas del diablo. Porque no tenemos lucha contra sangre y carne, sino contra principados, contra potestades, contra los dominadores de este mundo de tinieblas, contra huestes espirituales de maldad en las regiones celestes.

Efesios 6.10-12

Artimañas (*methodeia*) = métodos o tácticas

El Dr. C. Peter Wagner en su libro *Batallemos contra los ángeles de las tinieblas* dice lo siguiente: «El verdadero campo de batalla en la cristiandad hoy día es la mente. Debemos por esto necesariamente mantener la mente de Cristo».

Haya, pues, entre vosotros los mismos sentimientos que hubo también en Cristo Jesús.

Filipenses 2.5

Este pasaje nos exhorta a que tengamos los mismos sentimientos (el mismo sentir, el enfocar *nuestra* mente en las mismas cosas) que hubo también en Cristo Jesús. Es decir poner en uso «la mente de Cristo». Para poder hacer esto tenemos por obligación que comenzar a ver todas las cosas por los ojos de Dios. Cuando perdemos nuestro enfoque en la actitud, el carácter o la personalidad de Cristo entonces damos oportunidad al enemigo para atacar.

Satanás anda como león rugiente buscando a quien devorar (1 Pedro 5.8), es decir, cuando el enemigo encuentra un área de flaqueza en nuestro carácter cristiano, inmediatamente nos asigna poderes espirituales, espíritus inmundos y engañadores, llenos de mentira y falsedad. La Palabra de Dios nos exhorta a «resistir al diablo» y a «no dar sitio u oportunidad al diablo». (Cuando la Biblia habla del diablo generalmente se refiere a su reino, al reino de las tinieblas, a las potestades dominadoras de este mundo de tinieblas, a las potestades y huestes de maldad.)

La Biblia nos dice en Apocalipsis 12.9 que Satanás el gran dragón, la serpiente antigua que se llama Diablo fue arrojado *junto con sus ángeles* y ahora «engaña al mundo entero».

> *¿Por qué no comprendéis mi lenguaje? Porque no podéis escuchar mi palabra. Vosotros sois de vuestro padre el diablo, y queréis hacer los deseos de vuestro padre. Él ha sido homicida desde el principio, y no se mantuvo en la verdad, pues no hay verdad en él. Cuando habla mentira, de lo suyo habla; porque es mentiroso, y padre de la mentira.*
>
> Juan 8.43-44

Satanás es mentiroso y el padre de la mentira. El argumento fundamental es que su táctica o artimaña principal es el engaño y que este opera en los ámbitos (ambientes) de la verdad y del poder.

Lucifer cayó al atentar tener la gloria misma de Dios. Ahora busca privar o impedir que el Señor reciba cualquier clase de gloria. El medio principal es obrar mediante los pensamientos y experiencias de los hijos de Dios. Esto lo hace a base de mentiras, falsedades y engaños.

El engaño es una estrategia muy efectiva. El ejército de los aliados engañó al ejército de Irak, simulando un ataque naval cuando en verdad la invasión iba a comenzar por la misma nación de Irak y en medio del desierto.

Sin detallar cómo opera esto en la mente humana, podemos decir que cuando somos engañados, tenemos la plena seguridad de que lo que creemos es verdad. Esto nos hace susceptibles de escuchar *voces* que hablan con aparente sinceridad y autoridad. En base a ello vienen las enemistades y resentimientos que se levantan de acuerdo a falsas especulaciones. Es por esta causa que Pablo nos exhorta a que con el apoyo de nuestras armas espirituales podamos hacer lo siguiente:

> *No damos a nadie ninguna ocasión de tropiezo, para que nuestro ministerio no sea desacreditado; antes bien, nos recomendamos en todo a nosotros mismos como ministros de Dios, en mucha paciencia, en tribulaciones, en necesidades, en estrecheces; en azotes, en cárceles, en tumultos, en trabajos, en desvelos, en ayunos; en pureza, en conocimiento, en longanimidad, en benignidad, en el Espíritu Santo, en amor sincero.*

2 Corintios 6.3-6

Uno de los engaños que afrontamos es el ignorar que somos susceptibles a caer en ellos. Por lo cual es necesario declarar que el cuerpo de Dios no puede andar dividido entre sí mismo. Una casa dividida contra sí misma no puede permanecer. Satanás nos engaña haciéndonos pensar que no nos necesitamos el uno al otro, pero frecuentemente escogemos ignorar lo que Dios quiere indicarnos y enseñarnos por otros hermanos. Al impedir las relaciones entre los hermanos, Satanás erige fortalezas y obstáculos en la obra del Reino.

...inicuo cuyo advenimiento es por la actuación de Satanás, con todo poder y señales y prodigios mentirosos, y con todo engaño de iniquidad para los que se pierden, por cuanto no recibieron el amor de la verdad para ser salvos. Por esto Dios les envía un espíritu engañoso, para que crean la mentira, a fin de que sean condenados todos los que no creyeron a la verdad, sino que se complacieron en la injusticia.

2 Tesalonicenses 2.9-12

Satanás tiene poderes pero Jesucristo destruyó el poder que Satanás tenía en el imperio de la muerte. El Señor nos libró del temor de la muerte eterna por lo cual muchos estaban sujetos a servidumbre (obras de la ley) en toda su vida. La Biblia no revela u ofrece referencias, exceptuando el caso de los magos egipcios, de que la actividad demoníaca se realiza por una buena razón.

El Doctor Timothy M. Warner, profesor de misiones y director del programa de doctorado profesional en la Escuela de Divinidad Evangélica Trinity en Illinois, y misionero en Sierra Leona, África occidental escribió:

La Biblia no es un libro para glorificar a Satanás elaborando los desplantes del poder satánico. La Biblia glorifica a Dios en su creación y su redención y de esto podemos aprender que tenemos que ser cautelosos al recortar las actividades del enemigo. Algunos testimonios y publicaciones estimulan el creer en Satanás y su poder dando credibilidad y gloria a las obras del adversario y no al que tiene autoridad y poder sobre todas las cosas.

Podríamos elaborar mucho más en el área de los engaños. Hay un excelente libro escrito por Jessie-Penn Lewis titulado *Guerra contra los santos* (inglés). El poder de Dios ha sido delegado a los santos para la guerra espiritual *hasta* que pongamos al enemigo bajo los pies de Cristo. Sin embargo Satanás ha engañado al cuerpo de Cristo para que crea que la evidencia de poder es algo sobrenatural cuando la verdad es que la iglesia primitiva evidenciaba el poder de Dios como algo natural en la obra del ministerio.

El Doctor C. Peter Wagner dice: «Es fácil caer víctima de las mentiras de Satanás especialmente cuando perdemos contacto con el Poder de Dios».

Pablo señala: «No os dejéis engañar, Dios no puede ser burlado. Todo lo que el hombre siembra, eso también cosechará». Recuerden que: El orgullo (soberbia) precede a la caída.

Debemos batallar hasta el triunfo. Pablo nos dice: «He peleado la buena batalla, he acabado la carrera, he guardado la fe» (2 Timoteo 4.7).

La iglesia primitiva reconocía que estaba vinculada con un poder omnipotente. Tenemos que confrontar las fuerzas de las tinieblas con la sabiduría de Dios y la mente de Cristo para obedecer la Gran Comisión. Para alcanzar a los perdidos en estos últimos días se requiere evangelismo de poder y encuentros violentos con el reino de las tinieblas.

Capítulo 6

La batalla espiritual
en el campo de la mente

Porque ¿quién de los hombres sabe las cosas del hombre, sino el espíritu del hombre que está en él? Así tampoco nadie conoce las cosas de Dios, sino el Espíritu de Dios. Y nosotros no hemos recibido el espíritu del mundo, sino el Espíritu que proviene de Dios, para que sepamos lo que Dios nos ha otorgado gratuitamente, lo cual también hablamos, no con palabras enseñadas por sabiduría humana, sino con las que enseña el Espíritu, acomodando lo espiritual a lo espiritual.

1 Corintios 2.11-14

Verso 11 - Espíritu del hombre: obedece a la ley de la mente.

(La lámpara del Señor: Proverbios 20.27)

Verso 11 - Espíritu de Dios: obedece a la ley de Dios.

Verso 12 - Espíritu del mundo: obedece a la ley del pecado.

La batalla espiritual debe llevarse a cabo en el ámbito espiritual.

Pues aunque andamos en la carne, no militamos según la carne.

2 Corintios 10.3

Las cosas de Dios no pueden ser conocidas por el espíritu del hombre o el espíritu del mundo. Los pensamientos o las cosas del hombre no pueden ser conocidas sino por el espíritu del hombre que está dentro de su ser (excepto por Dios quien conoce los intentos y corazones de los hombres).

El creyente (la persona que ha nacido de nuevo) ha recibido el Espíritu que proviene de Dios. Una parte de la naturaleza divina es dada o impartida al hombre. Juan lo llama el *Espíritu de verdad*. Dios es Espíritu y nos ha dado de su Espíritu quien habita dentro de nuestro ser.

El hombre es un ser tripartito (consiste de tres partes): espíritu, alma y cuerpo (1 Tesalonicenses 5.23).

El hombre natural está muerto espiritualmente. Debido a su naturaleza toda persona tiene que nacer de nuevo espiritualmente. De no tener esa experiencia de regeneración o nuevo nacimiento todo su ser está muerto espiritualmente.

Cuando naces de nuevo, Dios imparte en ti una nueva naturaleza. El nos da de su Espíritu y nacemos de nuevo espiritualmente (somos nueva creación) y su Espíritu habita dentro de nosotros.

En el Antiguo Testamento no se encuentra en ninguna parte la palabra *conciencia* (treinta y dos veces en el Nuevo Testamento). En hebreo era llamada «el espíritu del hombre» (*ruwach*) (ánimo) percepción, razón, mente, comprensión, inteligencia.

(Proverbios 20.27; Job 32.8; Proverbios 18.14 [ánimo o espíritu]; Eclesiastés 7.9).

El espíritu del hombre reside dentro de su alma. La mente, la voluntad y las emociones residen en esa parte de tu naturaleza. Comúnmente es más conocida como la conciencia del hombre. El espíritu del hombre es la lámpara del Señor que escudriña (busca) lo *más profundo del corazón* (de nuestro ser).(Hechos 24.16; Juan 8.9;

2 Corintios 1.12; 1 Timoteo 1.5; Hebreos 13.18; Romanos 2.14-15; 9.1; 13.1, 5).

> *Lámpara de Jehová es el espíritu del hombre,*
> *la cual escudriña lo más profundo del corazón.*
>
> **Proverbios 20.27**

Una lámpara da luz (ilumina, irradia, revela).

> *Los cuales muestran la obra de la ley escrita en sus corazones, dando testimonio su conciencia, y acusándoles o defendiéndoles sus razonamientos.*
>
> **Romanos 2.15**

En medio de la batalla espiritual la resistencia toma lugar en la mente; es el Espíritu de Dios contra el espíritu del mundo.

> *Porque sabemos que la ley es espiritual; mas yo soy carnal, vendido al poder del pecado. Porque no comprendo mi proceder; pues no pongo por obra lo que quiero, sino que lo que aborrezco, eso es lo que hago. Y si lo que no quiero, eso es lo que hago, estoy de acuerdo con la ley, de que es buena. De manera que ya no soy yo quien obra aquello, sino el pecado que mora en mí. Porque yo sé que en mí, esto es, en mi carne, no mora el bien; porque el querer el bien lo tengo a mi alcance, pero no el hacerlo. Porque no hago el bien que quiero, sino el mal que no quiero, eso es lo que pongo por obra. Y si lo que no quiero, eso es lo que hago, ya no lo obro yo, sino el pecado que mora en mí.*

> *Encuentro, pues, esta ley: Que, queriendo yo hacer el bien, el mal está presente en mí. Porque según el hombre interior, me deleito en la ley de Dios; pero veo la otra ley en mis miembros, que hace guerra contra la ley de mi mente, y que me lleva cautivo a*

la ley del pecado que está en mis miembros. ¡Miserable hombre de mí!; ¿quién me libertará de este cuerpo de muerte? Gracias doy a Dios, por medio de Jesucristo nuestro Señor. Así que, yo mismo con la mente sirvo a la ley de Dios, mas con la carne a la ley del pecado.

Romanos 7.14-25

La batalla o conflicto espiritual (conflicto entre dos naturalezas, la carnal y la espiritual) es la batalla entre el Espíritu de Dios que habita dentro de ti y el espíritu del mundo que está *en ti*. Esta batalla siempre toma sitio en el *espíritu del hombre*, o sea, en la mente donde están la voluntad y las emociones.

Las naturalezas carnal y espiritual batallarán en el alma. Cada cual tratará de vencer o conquistar y derrotar a la otra si la voluntad del hombre lo permite.

Pablo se deleita en la ley de Dios que moraba en su hombre interior *(el Espíritu revelado, el Espíritu de Dios)*. El hecho de que el Espíritu de vida lo había librado de la ley del pecado y de la muerte lo hacía reconocer que la naturaleza carnal batalla continuamente con la nueva naturaleza espiritual. Reconocía pues que el campo de batalla está en la mente. Y es con la *mente* que servía a la ley de Dios y con la *carne* a la ley del pecado de la cual estaba cautivo (versículo 23).

El Espíritu Santo dentro de tu propio espíritu trata de poner tu alma, tu mente, tu voluntad, tus emociones y tu conciencia bajo sumisión, control u obediencia, es decir, bajo conformidad a las cosas del Espíritu, a la ley de Dios. En otras palabras eres guiado (manejado, conducido) por el Espíritu de Dios y tu espíritu (espíritu de hombre) se somete a la dirección y al control del Espíritu de Dios.

Al mismo tiempo tu carne, la naturaleza carnal en ti está también tratando de guiar o controlar tu mente, tu voluntad, tus emociones, tu conciencia. A través de tus cinco sentidos (el oído, la vista, el tacto, el olfato y el gusto) ataca tu alma para ponerla bajo sumisión o control de la carne, es decir a obedecer la ley del pecado.

Digo, pues: Andad en el Espíritu, y no satisfagáis los deseos de la carne. Porque el deseo de la carne es contra el espíritu, y el del espíritu es contra la carne; y éstos se oponen entre sí, para que no hagáis lo que querríais.

Gálatas 5.16-17

El deseo (*epithumeo*): es el impulso que mueve a edificar o anhelar o ansiar.

El cristiano necesita saber y confesar que es más poderoso el Espíritu de Dios dentro de nosotros que el espíritu del mundo. Y que sí podemos poner nuestra mente y ser guiados en las cosas del Espíritu de Dios y no en las de la carne. Podemos vencer los ataques del enemigo (el cual usa la carne). Pablo dice que la carne es enemistad contra Dios. Si derribas imaginaciones, pensamientos y argumentos que se levanten contra la obediencia a Cristo, la naturaleza carnal no podrá controlarte, sino que serás controlado por el Espíritu de Dios (2 Corintios 10.3-5; Romanos 8.5-8, 13-14).

Satanás batalla contra la naturaleza de Dios usando la carne. Utiliza además los cinco sentidos como instrumentos para motivar y controlar la mente y hacer lo que no complace a Dios, lo que es desagradable y ofensivo a Dios.

Porque todo lo que hay en el mundo, los deseos de la carne, la codicia de los ojos, y la soberbia de la vida, no proviene del Padre, sino del mundo.

1 Juan 2.16

A través de la codicia (desear ansiosamente) de los ojos, los deseos de la carne y el orgullo o soberbia de la vida el espíritu del hombre desea controlarte y si lo logra traerá tu destrucción. Porque si vivimos conforme a la carne invitamos a la muerte o a la destrucción.

Vio, pues, la mujer que el árbol era bueno para comer, y que era agradable a los ojos, y árbol codiciable para alcanzar la sabiduría; y tomó de su fruto, y comió; y dio también a su marido, el cual comió así como ella.

Génesis 3.6

El espíritu del hombre consiste en la voluntad. Tú puedes seguir la dirección de la carne o del espíritu, más no puedes servir a dos maestros. El hombre espiritual busca las cosas de Dios, su alma desea ser satisfecha por su sed del Dios vivo.

David escribió en el Salmo 42.2a: «Mi alma tiene sed de Dios, del Dios vivo»

El enemigo ataca por medio de las obras de la carne. Por el espíritu del mundo y mediante los cinco sentidos combate al espíritu del hombre con dardos de celos, envidia, división, odio, lujuria. Las cosas del mundo y los placeres carnales traen como resultado pobreza, enfermedades y la muerte física.

Al mismo tiempo el Espíritu de Dios desea vitalizar el espíritu del hombre. Él pide la renovación o renuevo de la mente (una nueva forma de pensar), que nos conduzca a poner la carne bajo sumisión y a acercarnos a Dios.

El deseo del Espíritu de Dios es elevar el nivel de tu alma y tu cuerpo a la medida del hombre perfecto y maduro y a la plenitud de Cristo.

Batalla espiritual en el campo de la mente

Palabra de Dios	Mundo	Palabra de Satanás
(Fe a través del oír)		(Temor a través del oír)
Espíritu de Dios	**Espíritu del hombre**	**Espíritu del mundo**
9 Manifestaciones (Don)	Intelecto Mente Voluntad	Obras de la carne, celos, envidia, contiendas,
9 Características (Fruto) Unción Autoridad	Emociones Conciencia	ira, división, discordia, odio, orgullo, lascivia a través de los cinco sentidos.
ESPÍRITU	**ALMA**	**CUERPO**

Espíritu de Dios - espíritu del hombre - espíritu del mundo

Gálatas 6.1: «Vosotros que sois espirituales».
6.7-8: «Cosecha de corrupción o de vida».
6.18: «Vuestro espíritu».

El fruto es producido en el espíritu del hombre bajo la dirección del propio Espíritu Santo.

«Si permanecemos en Cristo llevamos mucho fruto» (Véase Juan 15.2). «En esto es glorificado mi Padre, en que llevéis mucho fruto, y seáis así, mis discípulos» (Juan 15.8).

Los capítulos 5 y 6 del libro de Gálatas nos indican las obras de la carne y las del Espíritu. Si siembras para el Espíritu cosechas fruto espiritual. Si siembras para la carne cosechas fruto carnal lo cual te impide recibir las bendiciones del Reino de Dios, de reclamar la herencia y dichas bendiciones. Si siembras para la carne los resultados son para muerte, si siembras para el Espíritu, recibes vida y paz.

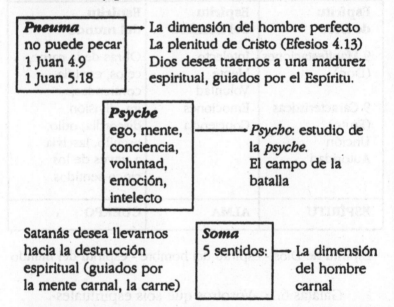

Pneuma
no puede pecar
1 Juan 4.9
1 Juan 5.18

→ La dimensión del hombre perfecto
La plenitud de Cristo (Efesios 4.13)
Dios desea traernos a una madurez espiritual, guiados por el Espíritu.

Psyche
ego, mente,
conciencia,
voluntad,
emoción,
intelecto

→ *Psycho*: estudio de la *psyche*.
El campo de la batalla

Satanás desea llevarnos hacia la destrucción espiritual (guiados por la mente carnal, la carne)

Soma
5 sentidos:

→ La dimensión del hombre carnal

Si caminas de acuerdo a los deseos de la carne y pones tu mente en las cosas de la carne, estás permitiendo que el espíritu del mundo controle tu voluntad. Cuando haces esto no puedes agradar a Dios. Mas si pones tu mente en las cosas del Espíritu y controlas tu carne, entonces no estás en servidumbre al pecado y disfrutas de vida y paz (Gálatas 5.16-26).

La ley de Jehová es perfecta,
que reconforta el alma.

Salmo 19.7

Capítulo 7

La fortaleza del corazón
que se endurece

Pero a pesar de que había hecho tan grandes señales delante de ellos, no creían en él...

Juan 12.37

Por esto no podían creer, porque también dijo Isaías: Ha cegado los ojos de ellos, y endureció su corazón; Para que no vean con los ojos, y entiendan con el corazón, Y se conviertan y yo los sane.

Juan 12.39-40

Una de las fortalezas que Satanás usa para destruir al pueblo de Dios es la de endurecer el corazón del hombre. De esta manera ciega los ojos espirituales que iluminan y revelan las cosas de Dios al hombre interior. La incredulidad, la duda y el temor nos impiden creer en las promesas de Dios. El pueblo de Israel provocó la ira de Dios, pues habiendo presenciado los milagros que hizo en el desierto por cuarenta años, no pudo entrar en su reposo ni disfrutar de las promesas, porque el pecado de la incredulidad endureció sus corazones.

Hay mucho daño por medio de la oposición. Las palabras del corazón endurecido dan vida a las obras malignas, y traen confusión al Reino de Dios.

El hombre bueno, del buen tesoro de su corazón saca lo bueno; y el hombre malo, del mal tesoro de su corazón saca lo malo; porque de lo que le rebosa del corazón habla su boca.

Lucas 6.45

El hombre bueno saca cosas buenas del buen tesoro del corazón; y el hombre malo saca cosas malas del mal tesoro.

Mateo 12.35

Por lo cual, como dice el Espíritu Santo: Si oís hoy su voz, no endurezcáis vuestros corazones, como en la provocación, como en el día de la tentación en el desierto, donde me tentaron vuestros padres; me probaron, y vieron mis obras durante cuarenta años. A causa de lo cual me disgusté contra aquella generación y dije: Siempre andan extraviados en su corazón, y no han conocido mis caminos. Tal como juré en mi ira: No entrarán en mi reposo. Mirad, hermanos, que no haya en ninguno de vosotros un corazón malo de incredulidad para apartarse del Dios vivo; antes exhortaos los unos a los otros cada día, entretanto que dura este Hoy; para que ninguno de vosotros se endurezca por el engaño del pecado. Porque hemos llegado a ser participantes de Cristo, con tal que retengamos firme hasta el fin el principio de nuestra seguridad, entre tanto que se dice: Si oís hoy su voz, no endurezcáis vuestros corazones, como en la provocación. Porque ¿quiénes fueron los que habiendo oído, le provocaron? ¿No fueron todos los que salieron de Egipto por mano de Moisés? ¿Y con quiénes estuvo él disgustado durante cuarenta años? ¿No fue con los que pecaron, cuyos cadáveres cayeron en el desierto? ¿Y a quiénes juró que no entrarían en su reposo, sino a aquellos

que desobedecieron? Y vemos que no pudieron en-
trar a causa de su incredulidad.

Hebreos 3.7-19

Podemos darnos cuenta de que la gente tampoco creía en Jesús a pesar de haber presenciado sus milagros. Hoy día ocurre lo mismo, la mayoría de los cristianos dudan lo que creen, y creen lo que dudan. En el momento en que creemos las promesas de Dios y ejercitamos nuestra fe, comenzamos a dudar nuestras dudas y creer nuestras creencias. Entonces nos fortalecemos, nos hacemos fuertes y vencemos al maligno (1 Juan 2.14).

Los espíritus de oposición y de confusión impiden que Dios se mueva y contaminan el corazón del hombre.

Y decía: Lo que sale del hombre, eso contamina al hombre. Porque de adentro, del corazón de los hombres salen las maquinaciones perversas, las for-nicaciones, hurtos, asesinatos, adulterios, avaricias, maldades, el engaño, la desvergüenza, envidia, ma-ledicencia, arrogancia, estupidez; todas estas mal-dades salen de adentro y contaminan al hombre.

Marcos 7.20-23

Satanás llena el corazón del hombre con maldad a través del engaño: «Respondiendo Jesús, les dijo: Mirad que nadie os engañe. Porque vendrán muchos en mi nombre, diciendo: Yo soy el Cristo; y engañarán a muchos» (Mateo 24.4-5). La mente predispuesta es una fortaleza para destruir u obstruir la obra de Dios ya que endurece el corazón y nos impide ver las cosas de Dios. Así como los fariseos ciegos por sus tradiciones no pudieron ver al Mesías prometido debido a sus predis-posiciones mentales, de cómo y cuándo vendría el Liberador de Israel: «...antes exhortaos los unos a los otros cada día, entretanto que dura este Hoy; para que ninguno de vosotros se endurezca por el engaño del pecado» (Hebreos 3.13).

Los espíritus desencadenados para destruir a la familia son los siguientes: adulterio, fornicación, codicia, engaño, sensualidad, soberbia, orgullo y rebeldía. Efesios 6.10 concluye: «Por los demás, hermanos míos, robusteceos en el Señor, y en el vigor de su fuerza». E inmediatamente Pablo procede a exhortar acerca de las relaciones para una familia sana.

Esposos y esposas

Las casadas estén sometidas a sus propios maridos, como al Señor; porque el marido es cabeza de la mujer, así como Cristo es cabeza de la iglesia, la cual es su cuerpo, y él es su Salvador.

Efesios 5.22-23

Padres e hijos

Hijos, obedeced en el Señor a vuestros padres, porque esto es justo. Honra a tu padre y a tu madre, que es el primer mandamiento con promesa; para que te vaya bien, y seas de larga vida sobre la tierra. Y vosotros, padres, no provoquéis a ira a vuestros hijos, sino criadlos en disciplina y amonestación del Señor.

Efesios 6.1-4

Patrones y empleados

Siervos, obedeced a vuestros amos terrenales con temor y temblor, con sencillez de vuestro corazón, como a Cristo; no para ser vistos, como los que quieren agradar a los hombres, sino como siervos de Cristo, haciendo de corazón la voluntad de Dios; sirviendo de buena voluntad, como al Señor y no a los hombres, sabiendo que el bien que cada uno haga, ése volverá a recibir del Señor, sea siervo o sea libre.

Efesios 6.5-9

La dirección que toma Pablo es a ser fuertes (*endunamoo*) en el Señor y en la fuerza (*kratos*) de su poder (*ischus*).

Y cuál la supereminente grandeza de su poder para con nosotros los que creemos, conforme a la eficacia de su fuerza.

Efesios 1.19

Gary Kinneman en su libro *Sobreveneiendo el dominio de las tinieblas* dice: «Las bases de la batalla espiritual no se limitan al ejercicio del exorcismo, prácticas ocultas, etc. No podemos desconectar la batalla espiritual de los sucesos cotidianos».

En América y el mundo occidental hemos visto un aumento grandísimo del divorcio, adulterio y fornicación, con resultados en los embarazos y abortos entre los adolescentes. Unión libre, homosexualismo, lesbianismo y decadencia moral, están destruyendo la fibra de la sociedad y de las relaciones familiares. Esto está predominando en el mundo del inconverso pero se encuentra tomando raíces y va en aumento en la iglesia y el liderazgo.

No podemos reconstruir la iglesia y restaurar a Sión hasta que enfrentemos los ataques del enemigo y la batalla contra la familia.

Mira que te he puesto en este día sobre naciones y sobre reinos, para arrancar y para destruir, y para arruinar y para derribar; para edificar y para plantar.

Jeremías 1.10

Nehemías habló a todos. Lo hizo a los nobles (ancianos, líderes, etc.), a la administración (empleados y voluntarios) y al resto de la gente (congregación de la iglesia), para recordar nuestro grande y poderoso Dios y para pelear (batalla, guerra, etc.) por sus hermanos, sus hijos, hijas, y esposas (familias) y sus hogares.

Entonces, por las partes bajas del lugar, detrás del muro, y en los sitios abiertos, puse al pueblo por familias, con sus espadas, con sus lanzas y con sus arcos. Después miré, y me levanté y dije a los nobles y a los oficiales, y al resto del pueblo: No temáis delante de ellos; acordaos del Señor, grande y temible, y pelead por vuestros hermanos, por vuestros hijos y por vuestras hijas, por vuestras mujeres y por vuestras casas.

Nehemías 4.13-14

Ahora somos llamados a apreciar la situación (observar) y a colocar en lugares estratégicos a hombres de Dios. Como familia cristiana debemos equiparnos con la armadura espiritual para tomar la ofensiva en la batalla por nuestras familias, nuestros hogares, nuestras iglesias y permitir a Dios que frustre los planes del enemigo.

Josué nos manda a servir al Señor con integridad y verdad: «...Yo y mi casa serviremos a Jehová» Josué 24.15.

Desde el principio de la creación Dios ha obrado por medio de las familias para llevar a cabo su plan divino. Y con más claridad en el área de las relaciones. Inmediatamente después de la creación, Dios le hizo a Adán ayuda idónea en Eva y estableció la familia en unidad. Sin tardar vino Satanás a traer división entre ellos. El patrón de Dios está fundado no en el individualismo sino en la relación y concepto del hogar. A Adán y Eva les dijo: «Fructificad y multiplicaos, llenad la tierra y sojuzgadla· (señoread). Y Dios les dio dominio. Satanás vino a destruir la unión entre Adán y Eva y el hogar y la familia, pues Caín llegó a matar a su hermano Abel. La redención de Dios siempre incluyó el concepto familiar. Al multiplicarse la maldad de los hombres en la tierra, Dios destruyó todo con el diluvio universal, pero antes protegió a la familia.

Para reconstruir, Dios trajo a los animales de dos en dos, es decir, por familias:

Y he aquí que yo traigo un diluvio de aguas sobre la tierra, para destruir toda carne en que haya espíritu de vida debajo del cielo; todo lo que hay en la tierra morirá. Más estableceré mi pacto contigo, y entrarás en el arca tú, tus hijos, tu mujer, y las mujeres de tus hijos contigo. Dijo luego Jehová a Noé: Entra tú y toda tu casa en el arca; porque a ti te he visto justo delante de mí en esta generación.

Génesis 6.17-18; 7.1

En la destrucción de Sodoma y Gomorra:

Y dijeron los varones a Lot: ¿Tienes aquí alguno más? Yernos, y tus hijos y tus hijas, y todo lo que tienes en la ciudad, sácalo de este lugar; porque vamos a destruir este lugar, por cuanto el clamor contra ellos ha subido de punto delante de Jehová; por tanto, Jehová nos ha enviado para destruirlo. Entonces salió Lot y habló a sus yernos, los que habían de tomar sus hijas, y les dijo: Levantaos, salid de este lugar; porque Jehová va a destruir esta ciudad. Mas pareció a sus yernos como que se burlaba. Y al rayar el alba, los ángeles daban prisa a Lot, diciendo: Levántate, toma tu mujer , y tus dos hijas

*que se hallan aquí, para que no perezcas en el
castigo de la ciudad.*

Génesis 19.12-15

El plan de Satanás es destruir la unidad y las relaciones
entre hermanos (Caín y Abel), entre padres e hijos y entre
hermanos en Cristo.

El espíritu de acusación:
(Espíritu religioso)

*Y el hombre respondió: La mujer que me diste por
compañera me dio del árbol, y yo comí. Entonces
Jehová Dios dijo a la mujer: ¿Qué es lo que has hecho?
Y dijo la mujer: La serpiente me engañó, y comí.*

Génesis 3.12-13

El espíritu de rechazo:
(El espíritu de rechazo conduce al asesinato).

*Y aconteció andando el tiempo, que Caín trajo del
fruto de la tierra una ofrenda a Jehová. Y Abel trajo
también de los primogénitos de sus ovejas, de lo más
gordo de ellas. Y miró Jehová con agrado a Abel y a
sus ofrendas; pero no miró con agrado a Caín y a
la ofrenda suya. Y se ensañó Caín en gran manera,
y decayó su semblante.*

Génesis 4.3-5

La Palabra de Dios nos exhorta a purificar nuestros
corazones acercándonos a Dios. Debemos creer a sus
promesas y dejar de vivir en doble ánimo. Ejercitemos
nuestra fe por medio de la oración, depositando en
nuestros corazones el tesoro de sus promesas, por lo cual
dice •Dios resiste a los soberbios y da gracia a los
humildes. Someteos, pues, a Dios; resistid al diablo y
huirá de vosotros• (Santiago 4.6-7).

La mayor fuente del conflicto en las relaciones entre hermanos viene por deseos egoístas que se vuelven más importantes que la voluntad de Dios. El deseo de ser reconocidos, honrados, el poder, el dinero, etc., causan que nuestros corazones se endurezcan y nos impidan ver la gloria de Dios.

A NIVEL ESPIRITUAL

LA IGLESIA

Capítulo 8

Los espíritus desencadenados contra la iglesia

Pero el Espíritu dice claramente que en los últimos tiempos algunos apostatarán de la fe, escuchando a espíritus engañadores y a doctrinas de demonios, que con hipocresía hablarán mentira, teniendo cauterizada la conciencia.

1 Timoteo 4.1-2

Satanás es el maestro del engaño. Parte de su estrategia es infiltrarse dentro de la iglesia para causar división, descontento, inmoralidad y promover falsas ideologías. En gran medida logra su objetivo asignando espíritus engañadores y acusadores que impiden el crecimiento numérico y espiritual de las iglesias locales.

En esta sección estudiaremos las características de espíritus engañadores e hipócritas. Generalmente ellos traen la mentira en forma de acusación, doctrinas falsas, manipulación y otras más.

Es importante aclarar que cuando usamos el término espíritu, no nos referimos simplemente a un ser sobrenatural, un fantasma, o un ángel. El diccionario expositivo de palabras del Nuevo Testamento (W.E. Vine) define al término (*pneuma*) como el elemento sensible del hombre, aquello por lo que percibe, reflexiona, siente o desea (Mateo 5.3; 26.41; Hechos 17.16; 2 Corintios 7.1). Tal vez se pueda definir como una predisposición mental o un estado de ánimo que nos facilita el entender los términos de espíritus de amargura, ira, celos, envidia, embriaguez, etc., etc. (ver tablas 1 y 2).

Entre los espíritus desencadenados sobre la iglesia hemos podido identificar los siguientes:

Espíritu de anticristo

Este espíritu se infiltró en la iglesia primitiva y causó la división.

Hijitos, ya es el último tiempo; y tal como oísteis que el anticristo viene, aun ahora han surgido muchos anticristos; por esto conocemos que es el último tiempo. Salieron de nosotros, pero no eran de nosotros; porque si hubiesen sido de nosotros, habrían permanecido con nosotros; pero salieron para que se manifestase que no todos son de nosotros.

1 Juan 2.18-19

No podemos limitar nuestro entendimiento sobre este espíritu como un individuo que vendrá. Este es un espíritu que infesta a muchos. El apóstol Juan dice que «han surgido muchos anticristos» que causan la división de la iglesia, *Salieron de nosotros... habrían permanecido con nosotros... pero salieron... no todos son de nosotros* (1 Juan 2.19).

Sin duda alguna, casi todas las congregaciones, particularmente las más antiguas, han sido víctimas de individuos controlados por este espíritu que ha causado divisiones, ha quebrantado la unidad de la fe y ha fomentado la rebelión.

Y todo espíritu que no confiesa que Jesucristo ha venido en carne, no procede de Dios; y éste es el

espíritu del anticristo, el cual habéis oído que viene,
y que ahora ya está en el mundo.

1 Juan 4.3

Confesar a Jesucristo significa aún más que mencionar simplemente, su nombre en la oración. Significa confesarlo desde un estado de unidad con Él. (*Los tres campos de la lucha espiritual*, Frangipane, p. 92).

El espíritu del anticristo endurece el corazón manteniéndolo fuera del amor. Nutre las actitudes equivocadas como la falta de perdón. Causa la división y fragmentación en la unidad de Cristo, debido al criticismo y diferencias doctrinales sin importancia. Abraza la falta de perdón, división y odio en vez de perdón, unidad y amor. Es antiamor, antiperdón y antireconciliación. Fomenta la rebelión y especialmente se opone a la verdad.

El cual se opone y se exalta sobre todo lo que se llama Dios o es objeto de culto; tanto que se sienta en el santuario de Dios como Dios, haciéndose pasar por Dios.

2 Tesalonicenses 2.4

El espíritu de Absalón

Es de esperar, como en el caso anterior, que la mayoría de los pastores se han enfrentado al menos una vez en su ministerio contra individuos que se asemejan al hijo de David. Este es también un espíritu independiente que rehusa someterse a las autoridades ungidas por Dios. Pretende usurpar la autoridad, motivando a otros a unirse en rebelión, y reemplazar al que Dios ha llamado para pastorear el rebaño.

Absalón permitió que una raíz de amargura tomara control de su vida. Supo que Amnón su medio hermano (hijo de David), había violado y después aborrecido a su hermana Tamar. No se enfrentó ni a él ni a su padre, el cual aunque se enojó mucho, no hizo nada por remediar la situación. Absalón logró planear cuidadosamente la venganza contra Amnón y determinó hacerlo desde ese mismo día. Notamos un espíritu de venganza y odio que premeditó un crimen de venganza.

Y le dijo su hermano Absalón: ¿Ha estado contigo tu hermano Amnón? Pues calla ahora, hermana mía; tu hermano es; no se angustie tu corazón por esto. Y se quedó Tamar desconsolada en casa de Absalón su hermano. Y luego que el rey David oyó todo esto, se enojó mucho. Mas Absalón no habló con Amnón ni malo ni bueno; aunque Absalón aborrecía a Amnón, porque había violado a Tamar su hermana.

2 Samuel 13.20-22

Y Absalón había dado orden a sus criados, diciendo: Os ruego que estéis atentos cuando el corazón de Amnón esté alegre por el vino; y al decir yo: Herid a Amnón, entonces matadle, y no temáis, pues yo os lo mando. Esforzaos, pues, y sed valientes.

2 Samuel 13.28

Pero Jonadab, hijo de Simá hermano de David, habló y dijo: No diga mi señor que han dado muerte a todos los jóvenes hijos del rey, pues sólo Amnón ha sido muerto; porque por mandato de Absalón esto había sido determinado desde el día en que Amnón violó a Tamar su hermana.

2 Samuel 13.32

Después que sucedió este incidente, Absalón huyó. Se fue a Gesur por tres años hasta que su padre David lo mandó llamar para que regresara, porque le hacía falta.

A su regreso levantó un grupo de seguidores que estaban en desacuerdo con el rey. Comenzó a presentarse como sabio consejero a todos los que venían a su padre pretendiendo que si se le nombraba por juez (es decir si se le daba una porción de autoridad), él sí podría resolver sus pleitos y problemas. Con una gran diplomacia los besaba y robaba el corazón del pueblo de Israel.

Dios nos ha dado autoridad para proteger lo que más amamos. Si no existe el amor la autoridad no obra o funciona. El amor está siempre dispuesto a pagar un precio: la muerte, el negarnos a nosotros mismos. Cristo murió porque amó. Este amor redentor es el que da origen a la autoridad. Absalón pretendía amar al pueblo para robarle el corazón, rebelarse contra la autoridad de Dios y suplantarla.

La Biblia dice que este hombre era alabado por su hermosura. No tenía ningún defecto desde la coronilla hasta la planta de los pies. Era un hombre manipulador, vengativo y orgulloso. La Biblia nos dice que había eregido una columna en el valle del rey para conservar su memoria. Deseaba ser reconocido, dijo: «Yo no tengo hijo que conserve la memoria de mi nombre» (2 Samuel 18.18b). Sin embargo, podemos leer en 2 Samuel 14.27 que le nacieron tres hijos y una hija a la cual llamó como a su hermana, Tamar.

Y se levantaba Absalón de mañana, y se ponía a un lado del camino junto a la puerta; y a cualquiera que tenía pleito y venía al rey a juicio, Absalón le llamaba y le decía: ¿De que ciudad eres? Y él respondía: Tu siervo es de tal tribu de Israel. Entonces Absalón le decía: Mira, tus palabras son buenas y justas; mas no tienes quien te oiga de parte del rey. Y decía Absalón: ¡Quién me pusiera por juez en la

*tierra, para que viniesen a mí todos los que tienen
pleito o negocio, que yo les haría justicia! Y aconte-
cía que cuando alguno se acercaba para inclinarse
a él, él extendía la mano y lo tomaba, y lo besaba.
De esta manera hacía con todos los israelitas que
venían al rey a juicio; y así robaba Absalón el
corazón de los de Israel.*

2 Samuel 15.2-6

A pesar de todas sus artimañas, engaños y aparente
victoria, el Dios Todopoderoso devolvió el trono a David.
Absalón pereció en manos del ejército de David.

Todo pastor sobreveedor de la congregación que ama,
va a ser defendido y apoyado cuando vienen aquellos
con el espíritu de Absalón. Estos vienen para causar
desconfianza, incitar rebeldía y causar división en el
Reino de Dios.

*Obedeced a vuestros pastores, y someteos a ellos;
porque ellos velan por vuestras almas, como quienes
han de dar cuenta; para que lo hagan con alegría,
y no quejándose, porque esto no es provechoso.*

Hebreos 13.17

Con frecuencia los jóvenes, novicios en las cosas del
Señor y en particular aquellos que carecen de fundamentos teológicos o bíblicos, tienen celo de Dios. Pero como
no es conforme a un pleno conocimiento, son controlados por «el espíritu de Absalón». No tienen la paciencia
para esperar el tiempo de Dios, ni la sabiduría para
reconocerlo. Se levantan en contra de sus líderes como
lo hizo Absalón en contra de su padre.

El espíritu de estupor y letargo

...como está escrito: Dios les dio espíritu de sopor, ojos con que no vean y oídos con que no oigan, hasta el día de hoy.

Romanos 11.8

Aristos, un diccionario ilustrado de la lengua española define estupor de esta manera: «Disminución de la actividad intelectual acompañada de cierto aire de indiferencia».

Esta indiferencia o insensibilidad trae a los cristianos torpeza y desánimo que les impide crecer en Cristo y los estanca en un estado que los ciega a la visión de Dios. Es algo similar a entrar en un profundo sueño, el cual nos pone a dormir y nos impide servir al Señor.

Con frecuencia un nuevo creyente está lleno de celo por las cosas de Dios. Camina en las nubes, testificando, sirviendo, etc. Mas todo cristiano, de no ser motivado y equipado, entra en un estado de indiferencia que lo desanima a servir a Dios. Estos llegan a ser piedras quemadas en el muro y el templo de Dios, como se menciona en Nehemías 4.2.

Todo pastor debe hacer en su iglesia, lo mismo que Nehemías al regresar a Jerusalén para reedificar el muro. Nehemías tuvo la visión de reedificar el muro. En Nehemías 2.13 dice que este «observó los muros (miembros) de Jerusalén que estaban derribados (caídos, desanimados, desalentados) y sus puertas (líderes) que están consumidas por el fuego». Nehemías reconoció que por sí mismo no podría hacer la obra, entonces los reta diciendo: «Levantémonos y edifiquemos, así esforzaron sus manos para bien» (Nehemías 2.18b).

El ministerio es obra de los santos, es decir, de todos los cristianos. El llamado a los pastores y líderes es el de equipar a los santos para la obra del ministerio. Los resultados serán asombrosos como lo fueron para Nehemías:

> *Edificamos, pues, el muro, y toda la muralla fue terminada hasta la mitad de su altura, porque el pueblo tuvo ánimo para trabajar.*

Nehemías 4.6

Este espíritu ataca particularmente a los cristianos, que no se han activado en el ministerio, y que por regla general conocen los caminos del Señor por muchos años. Entra en ellos una tibieza como la que ocurría en la iglesia de Laodicea, de la cual Jesús dijo: «...por cuanto eres tibio y no frío ni caliente, voy a vomitarte de mi boca» (Apocalipsis 3.16).

Tenemos que orar en contra del espíritu de estupor. Oremos para que sea atado ese estado de indiferencia y desatado un espíritu de servidumbre en su lugar. Cuando el pueblo de Dios se acerca a Él con palabras y le honra con sus labios pero aleja de Él su corazón, simplemente venera por tradición aquello aprendido de memoria. El Señor permite entonces, que caiga sobre ellos un espíritu de sopor o sueño profundo conocido también como espíritu de letargo.

En próximos capítulos discutiremos en detalle los espíritus más destructivos para la iglesia local, el espíritu de acusación y el espíritu de Jezabel.

Capítulo 9

La fortaleza del amor frío

Porque de tal manera amó Dios al mundo, que ha dado a su Hijo unigénito, para que todo aquel que cree en él, no perezca, sino que tenga vida eterna.

Juan 3.16

El amor da. La prueba del amor se refleja en la medida del sacrificio.

En Gálatas 2.20 el apóstol Pablo dice que el Hijo de Dios nos amó y se entregó a sí mismo por nosotros. Cristo amó a su iglesia y se entregó por ella.

Amados, amémonos unos a otros; porque el amor es de Dios, y todo aquel que ama es nacido de Dios y conoce a Dios. El que no ama no ha conocido a Dios, porque Dios es amor. En esto se mostró el amor de Dios para con nosotros, en que Dios envió a su Hijo unigénito al mundo, para que vivamos por medio de él. En esto consiste el amor: no en que nosotros hayamos amado a Dios, sino en que él nos amó a nosotros, y envió a su Hijo como propiciación por nuestros pecados. Amados, si Dios nos ha amado así, también nosotros debemos amarnos unos a otros. Nadie ha visto jamás a Dios. Si nos amamos unos a otros, Dios permanece en nosotros, y su amor se ha perfeccionado en nosotros.

1 Juan 4.7-12

Las preguntas que debemos hacernos como cristianos son: ¿Qué clase de amor tenemos hoy en nuestro corazón? ¿Será más tierno? ¿Más brillante, más visible, más abierto? O por el contrario, ¿se ha vuelto más discriminador, calculador?, ¿menos vulnerable o más frío?

Una de las señales de los últimos tiempos, que Jesucristo dio a sus discípulos, fue que en las épocas difíciles ocurren varias cosas.

Muchos tropezarán entonces, y se entregarán unos a otros, y unos a otros se aborrecerán. Y muchos falsos profetas se levantarán, y engañarán a muchos; y debido al aumento de la iniquidad, se enfriará el amor de la mayoría. Mas el que persevere hasta el fin, éste será salvo.

Mateo 24.10-13

Quiero hablar de esa fortaleza que nos dice que debido al aumento de la maldad, se enfriará el amor de muchos: «Y debido al aumento de la iniquidad, se enfriará el amor de la mayoría» (Mateo 24.12).

El área de las relaciones entre hermanos es una de las más propensas al ataque del enemigo. Una señal de la iglesia unida y vencedora es su compromiso con el amor. Debido a la creciente maldad y engaño del enemigo, el amor cristiano sufre graves ataques para impedir el crecimiento de la obra de Dios y el cumplimiento de la visión que nos da Dios.

Si no hay amor, no hay unidad en el espíritu ni victoria duradera. Vienen victorias pero son seguidas por derrotas. El amor frío es una fortaleza del demonio.

Las Escrituras revelan que cuando en la vida de una persona hay una pequeña cantidad de levadura de amargura, puede contaminar a muchos.

Mirad bien, no sea que alguno se rezague y no llegue a alcanzar la gracia de Dios; que brotando alguna raíz de amargura, os estorbe, y por ella muchos sean contaminados...

Hebreos 12.15

Es inevitable que en este mundo complejo, con diferentes niveles sociales, económicos y culturales, todos nosotros nos causamos ofensas y heridas. Si fallamos en reaccionar con amor y perdón y guardamos en nuestro espíritu la deuda que el ofensor nos debe, esa amargura, ese dolor, esa ofensa, nos impide amar y orar debidamente. Esto nos llevará a ser como dijo Jesucristo, miembros de los muchos, cuyo amor «se enfriará».

Pero yo os digo: Amad a vuestros enemigos, bendecid a los que os maldicen, haced bien a los que os aborrecen, y orad por los que os ultrajan y os persiguen.

Mateo 5.44

Confesaos vuestras faltas unos a otros, y orad unos por otros, para que seáis sanados. La oración eficaz del justo tiene mucha fuerza.

Santiago 5.16

Muchas veces las experiencias dolorosas son permitidas por Dios para enseñar a perdonar y cómo orar y amar a los que nos ofenden. Dios nos da la oportunidad de crecer en el amor divino: «Mas Dios muestra su amor para con nosotros, en que siendo aún pecadores, Cristo murió por nosotros» (Romanos 5.8).

Para que haya verdadero amor tiene que haber compromiso. Muchas veces se oye el decir: «Yo amé pero me correspondieron muy mal». O, «yo me comprometí a servir y abusaron de mí, o me rechazaron, y por eso no voy a volver». Se retiran de su compromiso sin darse cuenta que su amor (ágape) se va enfriando. Hay algunos que aún van a la iglesia, leen la Biblia, oran, diezman, pero dentro de sus corazones, se han vuelto distantes y se han apartado poco a poco de otras personas. Así se van apartando de la demostración del amor de Dios.

Jesucristo dijo que en el mundo vendrían tropiezos, refiriéndose a aquellas cosas que nos hacen tropezar para hacernos caer (la zancadilla del enemigo). En nuestras vidas hay veces que personas buenas y siervos o siervas de Dios, tienen un día malo y causan tropiezos con piedrecitas bien pequeñas, por cosas insignificantes y no por una roca grande. Con razón Jesucristo reprendió a los fariseos.

¡Ay de vosotros, escribas y fariseos, hipócritas!, porque pagáis el diezmo de la menta, del eneldo y del comino, y habéis dejado lo más importante de la ley: la justicia, la misericordia y la fe. Esto era necesario hacer, sin dejar de hacer aquello.

Mateo 23.23

Preguntémonos sinceramente: ¿Hemos recibido tropiezo por alguien que pecó contra nosotros o nos causó ofensa? ¿Nos ha hecho esa herida retirarnos y no demostrar el amor como lo hacíamos antes? ¿Hemos conservado la misma calidad de compromiso con Dios, con la iglesia y con nuestros hermanos a pesar de los tropiezos y ofensas?

No podemos formarnos una opinión negativa de alguien (aun cuando lo merezca) y darle sitio al enemigo. Esa opinión puede endurecer nuestro corazón y enfriar nuestro amor y nuestro compromiso. Las Escrituras son muy claras en esto: «El que ama a Dios, ame también a su hermano» (1 Juan 4.21).

El amor no se demuestra con palabras sino con acciones. Cuando tenemos amor por alguien nos comprometemos (como en el pacto matrimonial), a permanecer sin tener en cuenta lo que suceda de allí en adelante.

Es necesario que aún nos amemos en nuestras imperfecciones. No hay uno perfecto, no hay alguno sin falta, no hay nadie sin pecado, Por lo tanto, no podemos permitir que a causa de pequeñas faltas o debilidades humanas, el enemigo engrandezca cosas mínimas y que parezcan como grandes problemas que enfrían nuestro amor a Dios.

Jesús le dijo: Amarás al Señor tu Dios con todo tu corazón, con toda tu alma y con toda tu mente... Amarás a tu prójimo como a ti mismo.

Mateo 22.37, 39

Reflexionemos y examinemos nuestros corazones. El objetivo de la fortaleza del amor frío es conseguir que haya división en el cuerpo de Cristo, en las congregaciones con «palabra de gracia». Es un desafío el amar como Dios ama. Si perseveramos podremos alcanzar la visión de Él y ser verdaderamente, imitadores de Cristo.

Nadie puede alcanzar la plenitud del Reino de Dios en la tierra sin estar comprometido con personas imperfectas a lo largo del camino.

Capítulo 10

El espíritu de acusación

Por Francis Frangipane
©1990

Y oí una gran voz en el cielo, que decía: Ahora ha venido la salvación, el poder, y el reino de nuestro Dios, y la autoridad de su Cristo; porque ha sido lanzado fuera el acusador de nuestros hermanos, el que los acusaba delante de nuestro Dios día y noche.

Apocalipsis 12.10

Descubre el «acusador de los hermanos»

Muchas iglesias han sido destruidas por el acusador de los hermanos, por el criticismo de faltas como la inmoralidad y el uso fraudulento de los fondos de la iglesia. ¡Es tan común esta influencia en nuestra sociedad, que el hallar faltas ha sido elevado a un estado de virtud! Sin embargo, el Señor nos ha prometido que en su casa las acusaciones serán reemplazadas con la oración y la crítica con el amor cubrirá multitud de pecados.

Satanás ha mandado un ejército de demonios de criticismo contra la iglesia. Atenta impedir, sino del todo parar, el próximo paso de Dios. El propósito de este asalto es el de seducir al cuerpo de Cristo sacándolo de las perfecciones de Jesús y de sumergirlo en nuestras imperfecciones.

El enemigo está asignado para atacar las relaciones a todo nivel. Lo hace en la familia, la iglesia o entre iglesias. Por lo cual ha traído irreparables divisiones en el cuerpo. El siervo de Dios necesita discernir su actitud para con otros. Si sus pensamientos no son de «fe obrando mediante el amor», necesita reconocer que está bajo ataque espiritual.

Este demonio de criticismo incitará al hombre a dedicar semanas enteras desenterrando viejos defectos o pecados de sus ministros o de su iglesia. Las gentes que han sido cautivadas por los engaños de este espíritu se han convertido en mercenarios, enemigos irreconciliables de sus antiguas asambleas. Sin duda, ellos creen que sus persecuciones son servicio para Dios.

Este enemigo busca que el ministerio pierda su reputación, para que de esta manera se desacredite el mensaje. Personalmente he escuchado al respecto, una lista de pastores de muchas denominaciones. Cuando este demonio ataca a sus congregaciones por lo regular es casi inmediatamente después, que han comenzado a lograr sus metas. El ataque de este demonio siempre se propone detener el desarrollo de las iglesias.

Cuando este espíritu se infiltra en la mente de un individuo, sus acusaciones vienen con mucho veneno y «autoridad». Aun aquellos que deberían reconocerlo son seducidos y luego silenciados por esta influencia. Somos indiferentes al hecho de que Jesús está orando para que su cuerpo sea uno. Si somos seducidos por este demonio, circulamos sus acusaciones a través del cuerpo de Cristo, o en la ciudad, estimulando la sospecha y el temor entre la gente. Permitimos que la devastación destruya el ministerio que está bajo ataque, mientras que el desánimo cubre y busca la familia.

Casi todo pastor que está leyendo esto, se ha enfrentado al ataque de este enemigo en un tiempo u otro. Cada uno ha sentido la depresión en tratar de descubrir este espíritu de acusación mientras que rumores y chismes circulan por la iglesia. Los amigos de confianza se miran distantes y las relaciones más estables se debilitan. La visión y el propósito de la iglesia se ven siempre obstaculizados, por la contienda y la indiferencia.

Sin embargo, este enemigo no está limitado a atacar en las iglesias locales solamente. Sus ataques alcanzan niveles altos y nacionales. Grandes editores han hecho millones de dólares vendiendo libros difamantes, los cuales son más creíbles que las columnas de chismografía de los tabloides.

Sí, ¡han habido pecados, y muy serios, en algunos ministerios! Existen maneras bíblicas para traer corrección, maneras que traen restauración y no destrucción. Hay líderes de iglesias que han hablado abiertamente contra otros líderes. Los casetes grabados, llenos de críticas de varios ministerios, circulan como veneno en el torrente sanguíneo del cuerpo de Cristo, ¡y hay que ver de qué forma tan glotona, la iglesia se lo traga!

Este demonio incita al creyente a atacar a otros cristianos. Usualmente este espíritu de criticismo, para enmascarar la naturaleza diabólica de sus actividades, viste sus chismes bajo ropas religiosas. Con la pretensión de proteger a las ovejas de un error mínimo en la doctrina, fuerza al rebaño a tragarse uno del tamaño de un camello, error de corrección sin amor. ¡Intenta corregir las violaciones de las Escrituras, pero los métodos que emplea son precisamente violaciones a las mismas!

¿Dónde está el «espíritu de mansedumbre» del que Pablo habla en Gálatas 6.1? ¿Dónde está la humildad, el «cuidar de cada uno, para que no seamos tentados?» ¿Dónde está la motivación de «restaurarnos unos a otros?» Generalmente, a la persona que supuestamente está en error ni siquiera se le hace saber. Sólo hasta después que los errores imputados se han esparcido a través de la iglesia local, se han grabado en una cinta o publicado en un libro. Hermanos, el espíritu que está detrás de tal acusación debe ser discernido, porque su motivación no es el de restaurar o sanar, sino, ¡el de destruir!

El ejemplo puro

La iglesia necesita corrección, pero el modelo del ministerio de reprensión debe ser el de Cristo y no el de acusador de los hermanos. Cuando Cristo reprendió a las iglesias en Asia (Apocalipsis 2 y 3), unió sus regaños con el elogio y la promesa. Aseguró a las iglesias que la voz que les hablaría para exponer sus pecados era la mismísima voz que inspiró sus virtudes. Fue después de animarlos, que los reprendió.

Aun cuando la iglesia estaba en error profundo, como fue el caso de dos de las siete iglesias, Cristo le ofreció su gracia a cambio de corrección. ¿Qué tan paciente fue Jesús? Aun le dio a «Jezabel... ¡tiempo para arrepentirse!» (Véase Apocalipsis 2.20-21).

Después que Cristo amonestó a la iglesia, sus últimas palabras no fueron de condenación, sino de promesas. ¿No es esta la manera con la que Él nos trata? Aun en la más seria corrección, la Voz de Jesús es siempre la encarnación de la gracia y la verdad (Juan 1.14). ¡Recuerde, si la palabra de regaño o corrección no ofrece gracia por restauración, entonces la tal, no es la voz de Jesús!

Las armas del enemigo

Para encontrar una acusación contra nosotros, es importante notar, que el enemigo deberá sacar sus acusaciones del mismo infierno. Si nos hemos arrepentido de nuestros pecados, entonces, no existe ningún rasgo o vestigio en el cielo. Como está escrito: «¿Quién acusará a los escogidos de Dios? Dios es el que justifica» (Romanos 8.33). Jesús no nos condena, más bien está a la mano derecha de Dios, intercediendo por nosotros.

De cualquier manera, el demonio de criticismo tiene en sus manos armas. La primera de ellas es nuestros pecados presentes. Cuando fallamos en arrepentirnos mediante la convicción del Espíritu Santo, el espíritu de la crítica viene buscando usar nuestros pecados para condenarnos. La manera para vencer a este enemigo en este nivel, es simplemente arrepentirnos de cierto pecado en particular.

Satanás no busca solamente acusarnos individualmente. El también se infiltra en nuestras meditaciones, introduciendo criticismo y condenación contra otros. En vez de orar los unos por los otros, reaccionamos en la carne contra las ofensas. Nuestras reacciones que no se parecen a las de Cristo vienen a ser puerta abierta para que el espíritu criticador entre a nuestra alma.

Por lo tanto, derribemos al acusador de los hermanos aprendiendo a orar unos por otros, en vez de atacarnos como aves de rapiña. Debemos aprender instintivamente a perdonarnos. Si alguien se ha arrepentido de sus pecados, debemos ejercitar el mismo espíritu de perdón y de «olvido» que existe en el cielo. Nuestra victoria es segura mientras que imitamos el papel de Jesús. Como un cordero, Cristo murió por nuestros pecados, como un sacerdote, Él intercede por nosotros.

La segunda arma que este demonio usa contra nosotros, como individuos, son nuestros errores y pobres decisiones. Cada uno de nosotros está propenso a la ignorancia. No hay que ir muy lejos para darse cuenta que algunos de los santos no fueron llamados por Dios solamente por su inteligencia. En verdad que todos hemos cometido errores. Ojalá que hubiéramos aprendido de ellos. De cualquier manera este demonio criticón, toma nuestros errores pasados y los exhibe en nuestro corazón, criticando nuestros esfuerzos para hacer la voluntad de Dios. De esta manera nos mantiene en esclavitud con el pasado.

Cuando este espíritu nos usa en contra de otros, primeramente nos provoca a celos o a temor. Segundo, nos sentimos amenazados por el éxito de otras personas. Buscamos justificarnos nosotros mismos engrandeciendo las faltas de otros. Y, con frecuencia, son los que se parecen más a nosotros, nuestros compañeros en estatura espiritual, los que aumentan nuestra tentación para encontrar faltas. Y mientras más crece nuestro celo, más nos manipula este demonio nuestros pensamientos. Llegamos al punto de que todo lo que haga alguna persona o iglesia es correcto. Por último nos convertimos en «mercenarios» contra ellos. Ninguna defensa que ofrezca nos satisfará. Estamos convencidos que nos están engañando y que son peligrosos y sólo nos resta el prevenir a otros. La verdad es que la persona que se encuentra atrapada por este espíritu de criticismo es la que está siendo engañada y es peligrosa.

Jesús nunca instruyó a sus discípulos a perseguirnos unos a otros. Generalmente, este tipo de persona a quienes Dios usó de último, son los primeros en resistir el próximo paso del Espíritu Santo. Habiendo caído de la humildad y oración de sus antepasados en orgullo y simple administración, su posición ante el hombre está amenazada. Como Pablo declaró: «Pero así como entonces el que había nacido según la carne perseguía al que había nacido según el Éspíritu, así también ahora» (Gálatas 4.29). Aquellos que andan de acuerdo con la carne siempre encontrarán ocasión para perseguir a los que caminan en el Espíritu.

Nos consuela saber que incluso Jesús, no pudo satisfacer las normas requeridas del espíritu de la crítica, que se manifestó por medio de los fariseos. En la iglesia, para combatir este enemigo, debemos crear una atmósfera de gracia. Como el Padre, quien nos dio vida, debemos buscar que todas las cosas trabajen juntas para bien. Si alguno de nosotros cae debemos, sin hipocresía, estar prestos para cubrirlo.

Como está escrito: «Ningún varón se llegue a parienta próxima alguna, para descubrir su desnudez. Yo Jehová» (Levítico 18.6). Somos familia, engendrados de un Padre. No te deshonres a ti mismo. Somos miembros de un mismo cuerpo (Véase Efesios 4.25). Es contra la ley descubrir los errores de otros; el amor cubre multitud de pecados.

Donde se reúnen los buitres

El acusador usa otra arma, y la usa astutamente. Hay un tiempo en nuestro caminar con Dios que para fructificar, el Padre tiene que podarnos. Este es un tiempo de preparación donde el propósito de Dios es el de dirigir a sus siervos en el poder nuevo del ministerio. Este proceso, de cualquier manera, requiere nuevos niveles de entrega como también de una nueva experiencia de crucifixión. Casi siempre es un tiempo de humillación y de prueba, de vacío y aparente ineficacia con la cual Dios expande nuestra dependencia de Él. Puede que sea un tiempo de temor cuando nuestra necesidad está visiblemente expuesta.

Desafortunadamente, esta transparencia es aparente no solamente para el hombre o la mujer de Dios. Frecuentemente ocurre ante la iglesia, y ante potestades y poderes. El espíritu de criticismo, encuentra el lado vulnerable en aquellos quienes han empezado a pensar como él piensa, como una buena oportunidad para destrozarlos.

Durante este tiempo, donde se está incubando la muerte, existen hombres que con poder emergen con una visión profética clara y poderosa. Sin embargo, son apaleados y abandonados por los que deberían estar orando por ellos para una resurrección. Aquí es donde el criticismo es más mortal. Porque aquí es donde este demonio aborta el nacimiento de ministerios maduros, aquellos a quienes por último destruirá.

Los que critican y los chismosos están ya plantados en la iglesia. ¡Quizás usted sea uno de ellos! Cuando el Dios viviente tenga en sus manos a su pastor, cuando esté formando a un nuevo líder de su comunidad, haciéndolo más profundamente dependiente, ¿critica usted su aparente falta de unción? Aunque su pastor o líder nunca lo abandonó en su tiempo de necesidad, ¿lo abandona ahora en su tiempo de necesidad y oraciones? ¿Lo abandona cuando su fe puede ser el gran estímulo que él necesita para rendirse por completo a la cruz del Calvario?

Aquellos quienes simpatizan con el acusador de los hermanos cumplen con lo que el versículo de Lucas 17.37 dice: «Donde esté el cadáver, allí se juntarán los buitres•. Los buitres no se alimentan con lo que está vivo, solamente con lo muerto. Buscan por los que se están muriendo; son atraídos por la muerte.

•De todo se quejan, todo lo critican[...] Estos son los que causan divisiones• (Véase Judas 16-19). Eventualmente, el espíritu de crítica parte dejando atrás a la iglesia en contienda y división, un gran desánimo en el pastor, y un espíritu demoníaco cobrando su recompensa. Con el tiempo, Dios empieza a podar a su nuevo pastor y una vez más, el espíritu de criticismo se manifiesta estratégicamente para destruir a otra iglesia.

Hoy, Dios está buscando levantar a sus siervos aumentado su poder y autoridad. ¿Durante este período de podar, habrán algunos quienes regarán su aridez con oración, o solamente los buitres bajarán para devorar sus carnes moribundas?

Cómo corregir el error

Cuando el acusador viene, trae hechos distorsionados y condenación. Satanás nunca ofrece esperanza ni tampoco provee gracia para el arrepentimiento. Aquellos que están atrapados por este espíritu, nunca investigan las virtudes en la organización de las personas que están atacando. Su meta no es la de sanar, sino la de causar daño.

Para que estos demonios sean efectivos al atacarnos, deberán encontrar su oportunidad en nuestra naturaleza carnal. Sin duda, son nuestros pensamientos de egoísmo, celos, orgullo y criticismo carnal, los que no se han rendido y de los cuales no ha habido arrepentimiento. Estos le dan a los demonios •leña• como material con el cual se han de erigir paredes entre los miembros del cuerpo de Cristo, para traer desarmonía y contienda a la iglesia.

La corrección verdadera procede con reverencia, no con venganza. Realmente, ¿no son siervos de Cristo a los que perseguimos? ¿No son ellos su posesión? ¿Es posible que las obras de celos y de criticismo, sean las obras de Cristo? Preguntémonos: ¿por qué Dios nos escogió para traer su represión? ¿Estamos caminando en el ejemplo de Cristo? Jesús, el gran León de Judá, fue declarado merecedor y digno para traer juicio porque Él fue en su naturaleza un cordero sacrificado por el pecado del hombre. Si no estamos dispuestos a morir por nuestro hermano, tampoco tenemos el derecho de juzgarlo.

Con el mismo celo que el crítico busca desenterrar el pecado, así deben ser aquellos quienes conquistan a este enemigo. Deben celosamente conocer el corazón de Dios y de su llamado para cada iglesia.

En verdad, la Palabra de Dios para nosotros es que el criticismo carnal debe ser reemplazado con oración. Las acusaciones deben ser cubiertas con un manto de amor. Donde hay error, debemos ir con el propósito de restauración. Donde hay error doctrinal mantengamos un espíritu gentil para corregir a los que se oponen. (Este artículo fue traducido y publicado con la autorización de su autor. Francis Frangipane, miembro de la «Red de guerra espiritual».)

Capítulo 11

El espíritu de Jezabel

Pero tengo unas pocas cosas contra ti: que toleras que esa mujer Jezabel, que se dice profetisa, enseñe y seduzca a mis siervos a fornicar y a comer cosas sacrificadas a los ídolos. Y le di tiempo para que se arrepintiese de su fornicación.

Apocalipsis 2.20-21

Dios continúa instruyéndonos en cómo prepararnos para la batalla espiritual. Localmente hemos identificado a las potestades espirituales que controlan la ciudad de Mesa, Arizona, Estados Unidos; entre ellos el espíritu de religión (con acusación, rechazo, división). Podría ser llamado también espíritu de anticristo, pues conduce en lugar de la unidad, a la división de la iglesia. Otros son el espíritu de estupor (flojera, recreación, indiferencia) y el espíritu de brujería (ocultismo, drogas, idolatría).

Mas el enemigo también ha desatado y asignado principados y potestades para traer división a la iglesia local. Estos mismos espíritus, más el espíritu de Jezabel (independencia, ambición, preeminencia y control) y los espíritus de sensualidad carnal (lascivia, lujuria, adulterio y fornicación), han sido asignados a las iglesias locales para causar división, celos y envidia, así como para impedir que la obra de Dios se desarrolle. Muchos han desmayado y caído víctimas de las mentiras del enemigo a través de estos espíritus inicuos. La Palabra de Dios nos exhorta a resistir al diablo y a ser firmes en nuestra fidelidad a Dios y al ministerio al que nos ha llamado.

Sed sobrios, y velad; porque vuestro adversario el diablo, como león rugiente, anda alrededor buscando a quien devorar; al cual resistid firmes en la fe, sabiendo que los mismos padecimientos se van cumpliendo en vuestros hermanos en todo el mundo.

1 Pedro 5.8-9

Así que vosotros, oh amados, sabiéndolo de antemano, guardaos, no sea que arrastrados por el error de los inicuos, caigáis de vuestra firmeza.

2 Pedro 3.17

Tenemos que «saber de antemano», es decir, conocer a nuestro enemigo. La única forma de saber es mediante el estudio y la enseñanza de la Palabra de Dios, la cual nos enseña que el pueblo de Dios «perece por falta de conocimiento» (sabiduría).

Al conocer la verdad, la verdad te hace libre. Es por eso que estamos llamados a vestirnos con la armadura de Dios, para que vestidos y establecidos podamos estar firmes en contra de las artimañas del enemigo.

Pero el Espíritu dice claramente que en los últimos tiempos algunos apostatarán de la fe, escuchando a espíritus engañadores y a doctrinas de demonios, que con hipocresía hablarán mentira, teniendo cauterizada la conciencia.

1 Timoteo 4.1-2

1. Espíritus engañadores (espíritu de Jezabel) y 2. Doctrinas de demonios (espíritus religiosos). Lo que caracteriza a estos dos espíritus es que «con hipocresía hablan mentira teniendo cauterizada la conciencia». Sabemos que Satanás, el diablo, es el padre de la mentira.

Es decir toda mentira, toda falsedad todo engaño procede de la simiente de su padre el diablo.

Para conocer el espíritu de Jezabel debemos comprender el origen de esta personalidad en la Biblia. La primera mención de este nombre la hallamos en la rebelde y manipuladora esposa del rey Acab como vemos en:

> *Comenzó a reinar Acab hijo de Omrí sobre Israel el año treinta y ocho de Asá rey de Judá. Y reinó Acab hijo de Omrí sobre Israel en Samaria veintidós años. Y Acab hijo de Omrí hizo lo malo ante los ojos de Jehová, más que todos los que reinaron antes de él. Porque le fue ligera cosa andar en los pecados de Jeroboam hijo de Nabat, y tomó por mujer a Jezabel, hija de Et-baal rey de los sidonios, y fue y sirvió a Baal, y lo adoró.*

1 Reyes 16.29-31

> *A la verdad ninguno fue como Acab, que se vendió para hacer lo malo ante los ojos de Jehová; porque Jezabel su mujer lo incitaba.*

1 Reyes 21.25

Fue a través de este espíritu manipulador de la reina Jezabel que vino la contaminación a Israel. Jezabel era oriunda o nacida en Sidón, la capital de Fenicia. La cuna o el centro de origen del culto a Baal fue Fenicia. En la ciudad de Tiro estaba el templo mayor del culto al dios del sol Baal. Este era un culto a la fertilidad. Este dios tomaba distintos nombres en diversas localidades y junto a él se veían otros dioses menores de los cuales los que más menciona la Biblia eran Dagón y Astoret. El culto a Astoret incluía toda clase de prostitución y depravación sexual como también el sacrificio humano. Jezabel pues fue criada bajo esta cultura idólatra. Llevaba arraigado este espíritu de hipocresía, falsedad, engaño, lujuria, etc.

El espíritu de Jezabel es un espíritu muy independiente, intensamente ambicioso por la preeminencia y control. El nombre Jezabel significa «sin cohabitar», es decir rehúsa habitar con nadie. La Palabra nos dice «mirad cuán bueno y cuán delicioso es habitar (cohabitar) los hermanos en unidad». El espíritu de Jezabel es independiente y no se somete ni desea traer unidad sino división. Es un espíritu que quiere controlar y dominar las relaciones. Solamente se somete o se hace siervo cuando le conviene para ganar alguna ventaja estratégica.

Este espíritu no es exclusivo en mujeres aunque predomina y es atraído al sique o sicofemenil. Ello es debido a su habilidad de manipular sofisticadamente sin el uso de fuerza alguna. Especialmente ataca a mujeres que están amargadas con los hombres porque han sido desechadas, abandonadas o abusadas por éstos. Opera a través de aquellos que por su inseguridad, celos, y vanidad desean controlar a otros. Es evidente en aquellas mujeres que públicamente humillan a sus esposos y los tratan de controlar o manipular por estos medios.

Acab dio a Jezabel la nueva de todo lo que Elías había hecho, y de cómo había matado a espada a todos los profetas. Entonces envió Jezabel a Elías un mensajero, diciendo: Así me hagan los dioses, y aun me añadan, si mañana a estas horas yo no he puesto tu persona como la de uno de ellos.

1 Reyes 19.1-2

Pasadas estas cosas, aconteció que Nabot de Jizreel tenía allí una viña junto al palacio de Acab rey de Samaria. Y Acab habló a Nabot, diciendo: Dame tu viña para un huerto de legumbres, porque está cercana a mi casa, y yo te dará por ella otra viña mejor que ésta; o si te parece mejor, te pagaré su valor

*en dinero. Y Nabot respondió a Acab: Guárdeme
Jehová de que yo te dé a ti la heredad de mis padres.
Y vino Acab a su casa triste y enojado, por la palabra
que Nabot de Jizreel la había respondido, diciendo:
No te daré la heredad de mis padres. Y se acostó en
su cama, y volvió su rostro, y no comió.*

*Vino a él su mujer Jezabel, y le dijo: ¿Por qué está
tan decaído tu espíritu, y no comes? Él respondió:
Porque hablé con Nabot de Jizreel, y le dije que me
diera su viña por dinero, o que si más quería, le
daría otra viña por ella; y él respondió: Yo no te daré
mi viña. Y su mujer Jezabel le dijo: ¿Eres tú ahora
rey sobre Israel? Levántate, y come y alégrate; yo te
daré la viña de Nabot de Jizreel. Entonces ella escribió cartas en nombre de Acab, y las selló con su
anillo, y las envió a los ancianos y a los principales
que moraban en la ciudad con Nabot. Y las cartas
que escribió decían así: Proclamad ayuno, y poned
a Nabot delante del pueblo; y poned a dos hombres
perversos delante de él, que atestigüen contra él y
digan: Tú has maldecido a Dios y al rey. Y entonces
sacadlo, y apedreadlo para que muera.*

*Y los de su ciudad, los ancianos y los principales
que moraban en su ciudad, hicieron como Jezabel
les mandó, conforme a lo escrito en las cartas que
ella les había enviado. Y promulgaron ayuno, y
pusieron a Nabot delante del pueblo. Vinieron entonces dos hombres perversos, y se sentaron delante
de él; y aquellos hombres perversos atestiguaron
contra Nabot delante del pueblo, diciendo: Nabot ha
blasfemado contra Dios y contra el rey. Y lo llevaron
fuera de la ciudad y lo apedrearon, y murió. Des-*

pués enviaron a decir a Jezabel: Nabot ha sido apedreado y ha muerto.

Cuando Jezabel oyó que Nabot había sido apedreado y muerto, dijo a Acab: Levántate y toma la viña de Nabot de Jizreel, que no te la quiso dar por dinero; porque Nabot no vive, sino que ha muerto. Y oyendo Acab que Nabot había muerto, se levantó para descender a la viña de Nabot de Jizreel, para tomar posesión de ella.

Entonces vino palabra de Jehová a Elías tisbita, diciendo: Levántate, desciende a encontrarte con Acab rey de Israel, que está en Samaria; he aquí él está en la viña de Nabot, a la cual ha descendido para tomar posesión de ella. Y le hablarás diciendo: Así ha dicho Jehová: ¿No mataste, y también has despojado? Y volverás a hablarle, diciendo: Así ha dicho Jehová: En el mismo lugar donde lamieron los perros la sangre de Nabot, los perros lamerán también tu sangre, tu propia sangre. Y Acab dijo a Elías: ¿Me has hallado, enemigo mío? Él respondió: Te he encontrado, porque te has vendido a hacer lo malo delante de Jehová. He aquí yo traigo mal sobre ti, y barreré tu posteridad y destruiré hasta el último varón de la casa de Acab, tanto el siervo como el libre en Israel. Y pondré tu casa como la casa de Jeroboam hijo de Nebat, y como la casa de Basá hijo de Ahías, por la rebelión con que me provocaste a ira, y con que has hecho pecar a Israel. De Jezabel también ha hablado Jehová, diciendo: Los perros comerán a Jezabel en el muro de Jizreel. El que de Acab muera en la ciudad, los perros lo comerán, y el que muera en el campo, lo comerán las aves del cielo. (A la verdad ninguno fue como Acab, que se vendió para hacer lo malo ante los ojos de Jehová; porque Jezabel su mujer lo incitaba. Él fue en gran manera abominable, caminando en pos de los ídolos, conforme a todo lo que hicieron los amorreos, a los cuales lanzó Jehová de delante de los hijos de Israel.) Y sucedió que cuando Acab oyó estas palabras, rasgó sus vestidos y puso cilicio sobre su carne, ayunó, y durmió en cilicio, y anduvo humillado.

Entonces vino palabra de Jehová a Elías tisbita, diciendo: ¿No has visto cómo Acab se ha humillado delante de mí? Pues por cuanto se ha humillado delante de mí, no traeré el mal en sus días; en los días de su hijo traeré el mal sobre su casa.

1 Reyes 21.1-29

La Escritura nos dice que Acab fue manipulado y controlado por falsos espíritus proféticos. Le hablaban espíritus de mentira y le inducían a dirigir su reino mediante palabras engañadoras que siempre hablaban de éxito y cosas buenas. Acab rehusaba escuchar la voz profética de Dios por parte de Elías y Miqueas cuando eran mensajes de corrección y disciplina.

El espíritu de Jezabel manipula a esposos(as), hijos(as), nuevos creyentes, etc. Opera por inseguridad, celos o vanidad como función matriarcal. Debemos tener cuidado cuando una mujer, aunque funcione proféticamente, insiste en reconocimiento e ignora o manipula el liderazgo masculino de la iglesia y se autodenomina como profetisa. Porque el espíritu de Jezabel odia la humildad y rehúsa someterse a otros ministerios. Francis Frangipane en su libro *Los tres campos de lucha espiritual* (pp. 103) dice: «Un verdadero ministerio quiere y desea someterse en responsabilidad bajo otros ministerios».

Jezabel odia al profeta, porque habla contra ella. Los profetas son sus peores enemigos. Cuando ella batalla, es para poner a la gente en contra del mensaje profético. Odia la Palabra de Dios que se habla. Su enemigo verdadero es la Palabra pronunciada de Dios.

Oremos:

«Padre, nos sujetamos ante ti y ante tus normas de justicia. Pedimos por un corazón puro, manso y santo. Perdónanos por tolerar el espíritu de Jezabel en nuestra mente y nuestras acciones.

«Padre, porque nos sometemos a ti, tenemos tu autoridad para resistir al diablo. Reprendemos, en el nombre de Jesús, los principados de Jezabel. Derrumbamos las fortalezas de sus planes sobre nuestras comunidades y nuestro estado. Venimos en contra de las fortalezas que este demonio ha levantado en el ámbito espiritual en esta área, y desatamos el Espíritu Santo para saquear la casa de Jezabel y distribuir sus bienes.

«También hablamos fidelidad al corazón de los esposos y esposas. Desatamos pureza de corazón y gracia para cada miembro del cuerpo de Cristo, tanto a los solteros como a los casados. Cubrimos a tu pueblo con la sangre de Jesús. Soltamos el gozo de un espíritu humilde y sumiso y derrumbamos los pensamientos de ambición y soberbia. En el nombre de Jesús. ¡Amén!»

¡Es tiempo para que los profetas se unan en contra de este espíritu! ¡Bajo la unción, como tuvo Elías, en el poder del Espíritu Santo, levantémonos en la indignación de Jesús y derribemos a Jezabel! ¡Aún en este momento, nos lavamos en la preciosa sangre y siendo limpios de cualquier mancha de pecado, amarramos y saqueamos las fortalezas de Jezabel!

Digamos:

«¡Espíritu de Jezabel, en la autoridad de Jesucristo, que nos ha dado, soltamos a los prisioneros! ¡Ponemos en libertad a tus esclavos! ¡Derribamos las fortalezas aliadas con Jezabel! ¡Echamos abajo tus diabólicas maquinaciones!

«¡En el poder del nombre de Jesús, te soltamos de sus garras sicológicas sobre el alma. En la autoridad del Cristo Viviente, proclamamos GUERRA SANTA contra el espíritu de Jezabel!» (*Los tres campos de lucha espiritual*, Francis Frangipane, p. 103).

En Young, Uruguay los pastores se hallaban confundidos por una mujer cristiana que iba de iglesia en iglesia hasta que descubría que no podía manipular al pastor. Llegaba con actitud de sumisión y comenzaba a colaborar en la obra, más poco a poco empezaba a profetizar en las iglesias. Se hacía llamar «profetisa» e insistía en ser reconocida ante todos. Luego comenzaba a visitar a los miembros de la congregación en sus hogares y profetizaba sobre ellos. De forma consecutiva sembraba semillas de división y descontento, iniciando naturalmente, el control y el dominio de los más débiles.

Los pastores locales ya no sabían qué hacer. Durante los talleres de «Guerra espiritual» descubrieron que estaban tratando con un espíritu de Jezabel. Los pastores unidos oraron para romper esa fortaleza sobre esta mujer. Al otro día en las cruzadas de evangelismo y tras la ungida oración de fe se tomó autoridad sobre este espíritu y esta mujer recibió liberación.

Espíritus desencadenados contra la iglesia

Espíritus engañadores
(Jezabel)
1 Timoteo 4.1
Espíritus en prisiones
debido a la desobediencia):
1 Pedro 3.19

Espíritus de enfermedad:
Lucas 13.11
Espíritu del hombre:
1 Corintios 2.12
Espíritus diferentes:
2 Corintios 11.4
Espíritu de incredulidad:
Hebreos 3.12
Espíritu de servidumbre:
(esclavitud) Romanos 8.15
Espíritu mudo y sordo:
Marcos 9.17; 9.25
Espíritu de inmundicia:
Zacarías 13.2; Marcos 9.25;
Apocalipsis 18.2
Espíritu de Jezabel:
Apocalipsis 2.20
Espíritu de celos:
Números 5.14; 5.30
Espíritus malos:
1 Samuel 16.14-23; 18.10
Espíritu de mentira:
1 Reyes 22.23;
2 Crónicas 18.21-22

Espíritus inmundos
Mateo 10.1; Marcos 1:23,27;
Mateo 12.43; Lucas 11.24;
Marcos 1.26;
Hechos 5.16; 8.7;
Marcos 3.30; 5.2;
Marcos 5.8; Lucas 8.29;
Marcos 7.25; Lucas 9.42;
Espíritu del mundo:
1 Corintios 2.11
**El príncipe de la
potestad del aire**:
Efesios 2.2
Espíritu de anticristo:
1 Juan 4.3
Espíritu de adivinación
(ocultismo): Hechos 16.16
Espíritu de error: (religioso)
1 Juan 4.6
**Espíritu de letargo y
estupor**: Romanos 11.8;
Isaías 29.10
Espíritu de temor:
2 Timoteo 1.7
Espíritu de discordia
(malignos): Jueces 9.23
Espíritus de médium
(ocultismo)
1 Samuel 28.7,9
Espíritus de muertos:
Levítico 20.27

Espíritu de idolatría
(egipcios, religiosos):
Levítico 20.27

Espíritu fantasma:
Isaías 29.4

Espíritus de perversidad
(distorsión): Isaías 19.14

Espíritus dados para contrarrestar el ataque del enemigo

Espíritu de Dios, Espíritu de su Hijo, Espíritu de Cristo

Espíritu de fe	2 Corintios 4.13
Espíritu de vida	Apocalipsis 11.11
Espíritu de adopción (*buiothesia*)	Romanos 8.15
Espíritu de gloria	1 Pedro 4.14
Espíritu de gracia	Hebreos 10.29; Zacarías 12.10; Isaías 57.15
Espíritu de mansedumbre	1 Corintios 4.21; Gálatas 6.1
Espíritu de promesa	Efesios 1.13
Espíritu de verdad	Juan 14.17; Juan 15.26; Juan 16.13; 1 Juan 4.6
Espíritu de sabiduría	Efesios 1.17; Isaías 11.2
Espíritu de Elías	2 Reyes 2.15
Espíritu de juicio (justicia)	Isaías 4.4
Espíritu devastador	Isaías 4.4
Espíritu de consejo y de poder	Isaías 11.2

A NIVEL POLÍTICO

LAS NACIONES (ETHNOS)

Capítulo 12

La cartografía espiritual

Oíd palabra de Jehová, hijos de Israel, porque Jehová tiene pleito con los moradores de la tierra; porque no hay verdad, ni misericordia, ni conocimiento de Dios en la tierra. Perjuran, mienten, matan, hurtan, adulteran y oprimen, y se suceden homicidios tras homicidios. Por lo cual se enlutará la tierra, y se extenuará todo morador de ella, con las bestias del campo y las aves del cielo; y aun los peces del mar morirán.

Oseas 4.1-3

Durante los últimos años se ha comenzado a estudiar el tema de la cartografía espiritual. Este controversial tema se basa en desarrollar mapas espirituales de vecindarios, ciudades, regiones, naciones y continentes.

La Biblia habla claramente sobre dichos lugares. Aquí Satanás tiene sus tronos, dominios, principados y potestades para ejercitar supremacía sobre la humanidad y sobre la iglesia de Cristo. La cartografía espiritual nos permite ver al mundo no como es visto por los ojos naturales sino como es verdaderamente.

México, Centro América y Sudamérica son cunas de las tres culturas (ethnos) indígenas más grandiosas, la azteca, la maya y la inca. Los estudios arqueológicos y científicos parecen indicar que existía una relación muy cercana entre Mesopotamia, el centro de la cultura babilónica, y Mesoamérica, ya que los símbolos crípticos de la cultura maya y babilónica son muy similares, tales como la forma de los dibujos de los ojos, la preeminencia dada a la raíz de la culebra, el dragón volador, etc.

...porque de la raíz de la culebra saldrá víbora; y su fruto, dragón volador.

Isaías 14.29b

En la mayoría de Mesoamérica, formada ahora por México, Guatemala y los Andes Centrales (Colombia, Ecuador, Perú y Bolivia), las culturas eran de religiones politeístas. Lo que sabemos de estas religiones ha sido basado a los descubrimientos arqueológicos observados y en los documentos nativos preservados por los indígenas contemporáneos, los recuentos de los códigos maya y azteca y de los documentos históricos preservados por los conquistadores españoles, entre ellos los escritos de Cristóbal Colón, Diego Durán, Bartolomé de Las Casas, Motolinia, Diego de Godoy y muchos más.

Para poder determinar el origen y la naturaleza de las cosas nos es necesario examinar las culturas, sus tradiciones y simbolismos. J.C. Cooper en su *Enciclopedia ilustrada de símbolos tradicionales* (Thames and Hudson, London 1978) dice: «El simbolismo es un instrumento de conocimiento y el más antiguo y fundamental método de expresión, el cual revela los aspectos reales que escapan a otros medios de expresión.

«Es la expresión externa o inferior de una verdad superior. Es un vehículo de comunicación de las cosas que de otra manera pueden ser ensombrecidas por las limitaciones del lenguaje o de adecuada expresión. Por lo cual el simbolismo no es simplemente un objeto, ni puede ser comprendido excepto en el contexto de su cultura religiosa o metafísica la cual le dio su origen.

«El simbolismo tradicional asume la prioridad de lo celestial y que lo terrenal es solamente una imagen de ello. Es decir, lo natural revela el significado de lo espiritual».

El apóstol San Pablo nos revela que las cosas invisibles se hacen claramente evidentes o visibles y se nos permite entenderlas por medio de las cosas hechas. Es decir para poder determinar la naturaleza de lo que ocurre en el ámbito espiritual tenemos que analizar lo que ha sucedido o está sucediendo en el ámbito natural.

> *Porque las cosas invisibles de él, su eterno poder y divinidad, se hacen claramente visibles desde la creación del mundo, siendo entendidas por medio de las cosas hechas, de modo que no tienen excusa.*
>
> Romanos 1.20

Aunque como cristianos estamos llamados a reconocer el ámbito espiritual como el verdadero núcleo de la realidad, la verdad dolorosa es de que la iglesia contemporánea es un nido de creyentes incrédulos. Los cristianos en su mayoría no se distinguen de los incrédulos, pues han descartado la dimensión espiritual en sus vidas cotidianas.

Si de verdad queremos tener éxito en el oficio de la Gran Comisión es vitalmente importante que los líderes de la iglesia reconozcan que la ortodoxia es necesaria para presevar la verdad; pero el discernimiento y poder espiritual son necesarios para derribar las fortalezas del maligno. George Otis, hijo, declara:

No hay evidencia de que los poderes satánicos tengan predilección alguna por áreas geográficas o grupos étnicos. La actividad demoníaca se pronuncia en ciertas regiones y entre ciertos pueblos (*ethnos*) hoy día debido a que ciertos «varaderos» han sido establecidos por previas generaciones. Alguna vez, de una manera u otra, seres humanos recibieron y dieron bienvenida a espíritus malignos para convivir con ellos. En la mayoría de estas fortalezas espirituales, el alcance y la intensidad del control demoníaco parece existir en una proporción directa a la bienvenida que se le ha dado originalmente y de acuerdo a la alianza espiritual que se ha retenido a través de varios festivales, ritos, y peregrinaciones de sus habitantes. Los espíritus malignos generalmente se atrincheran en un área como Haití... hasta que la invitación sea revocada, algo que generalmente no ocurre. *El último de los gigantes*, George Otis, hijo. [Ing.] pp. 89 y 92).

Con la conquista por los españoles, los franceses y los portugueses, el catolicismo fue propagado en las nuevas tierras. El mismo fue forzado tanto en los pueblos conquistados como también en los esclavos traídos del África. Mas en vez de renunciar a sus dioses, ídolos y espíritus demoníacos, los pueblos conquistados y esclavizados mezclaron sus ritos y adoración bajo el disfraz de los «santos» católicos.

La cartografía espiritual trata de identificar las fortalezas satánicas: los espíritus territoriales y la jerarquía de autoridad sobre ciudades, regiones, naciones, y grupos étnicos que en ellos operan y ejercen control.

Vistas estratégicamente, parece que existen dos categorías de fortalezas espirituales. La primera de ellas podemos llamarla *cautiverios*. Estas son áreas en donde seres humanos se asocian con espíritus demoníacos para poblar densamente áreas con poblaciones de demonios que dominan las sociedades que las rodean. Las otras pueden llamarse *fronteras*, que esencialmente son centros de operación demoníaca que no son totalmente controladas por Satanás. (George Otis, hijo, *The Last of the Giants*, p. 94).

Entre estas fortalezas fronterizas, Otis, Jr., incluye a Medellín, Colombia; Río de Janeiro, Brasil; Lago Titicaca y sus alrededores, Perú; Bahía, Brasil; La Habana, Cuba; y las áreas Mayas-Tolteca, Centro América.

> *Y la bestia que vi era semejante a un leopardo, y sus pies como de oso, y su boca como boca de león. Y el dragón le dio su poder y su trono, y gran autoridad[...] Y abrió su boca en blasfemias contra Dios, para blasfemar de su nombre, de su taber-náculo, y de los que moran en el cielo. Y se le permitió hacer guerra contra los santos, y vencerlos. También se le dio autoridad sobre toda tribu, pue-blo, lengua y nación. Y la adorarán todos los mora-dores de la tierra cuyos nombres no están escritos desde la fundación del mundo en el libro de la vida del Cordero que fue inmolado. Si alguno tiene oído, oiga.*

> Apocalipsis 13.2, 6-9

Huaca (Sitio sagrado)

Los nativos indígenas de Sudamérica tenían un nom-bre especial para estos lugares que estaban saturados de poderes espirituales en donde habitaban los espíritus. Estos consistían desde un simple amuleto, un templo, una cúspide montañosa o un lugar alto. Los montes eran consagrados como santuarios o huacas y mientras más alto el sitio, más grande la intensidad espiritual de la huaca. Los incas consideraban al Cuzco como una gran huaca. Hoy día todavía existen las huacas y se les asocia con todo lo que representa un aposento espiritual.

Los Muiscas (Chibchas) que habitaban en la sabana de Santa Fe de Bogotá y los alrededores entre los ríos Suárez y Chicamocha veneraban al sol (zuhe o suba) y la luna (chia). Habían establecido tres estados de reinados por el Zipa el Zaque y el Iraca. Todos estos, particularmente el Zaque, establecieron la laguna de Guatavita como el sitio más frecuentado y famoso de adoración. Walter Krickeberg en su libro *Mitos y leyendas de los aztecas, incas, mayas y muiscas* (p. 160), dice de esta huaca:

Esta laguna tiene mil razones de las que los indios buscaban y el demonio pedía para hacer en ella sus ofrecimientos, porque está en la cumbre de los muy altos cerros a la parte del norte.

La leyenda dice que en el lago (laguna) de Guatavita vive un demonio-culebra y que las diosas salen del lago y desaparecen más tarde en él, convertidas en culebras. En el fondo del lago vivía un dragón y para satisfacer la ira del dragón, los caciques se vestían de oro puro y se bañaban en la laguna. Esto fue llegado a ser conocido como la leyenda de El Dorado.

En el *Manual de las religiones del mundo*, Wm. B. Eerdmans (Lion Publishing, 1982), George Bankers escribe de la historia de los aztecas, mayas e incas. Sobre América antes de Colón dice: «La religión maya se desarrolló entre los años 300 y 900 a.C. y fue un elaborado acuerdo entre los mayas y sus dioses. En esta religión los sacrificios humanos formaban una parte muy importante de sus rituales. Los seres humanos eran sacrificados cuando la víctima aún con vida era despojada de su corazón, mientras que otros le sujetaban las manos y pies . Quetzalcóatl (serpiente voladora), conocida como la serpiente emplumada, era una combinación de una serpiente y un quetzal que representaban al dios celestial de los espíritus, la lluvia, el viento, los truenos y relámpagos y el sol. El mismo se convertía en la madre tierra, una mujer serpiente, llamada Coatlicue, quien vestía una falda labrada con serpientes cuando venía un ciclo lunar».

El pastor Harold Caballeros de la iglesia «El Sahaddai» en la ciudad de Guatemala, relataba en una reciente consulta que «El gran valle de la serpiente» situado en el valle de Guatemala era representado por un templo de sacrificios en forma de serpiente de aproximadamente 35 kilómetros de largo por 3 de ancho. Este templo era el centro de sacrificios humanos y hoy en día se caracteriza por los numerosos templos de sectas religiosas como los mormones, testigos de Jehová, rosacrucistas, etc.

Es interesante notar que desde que la moneda nacional, el quetzal, fue cambiado y contiene en su fachada numerosos símbolos crípticos y serpientes, el dinero se ha devaluado. Toda centroamérica se ha entregado al culto de la serpiente la cual es el símbolo de violencia, muerte y destrucción. Su cambio de piel periódicamente significa, renovación y resurrección, esto se refiere comúnmente como «nacer de nuevo».

Los toltecas eran una coalición de naciones en el centro de México y establecieron su capital en Tula, aproximadamente 60 kilómetros al norte de México, D.F. Su dios principal era también Quetzalcóatl y ellos también hacían sacrificios humanos de la misma manera. Sus descendientes los aztecas continuaron esta manera de adoración a la serpiente y los sacrificios humanos (véase fig. 1).

Es evidente que los aztecas y varias otras naciones indígenas ofrecían sacrificios de fuego (fig. 2) y la cultura

y sus prácticas eran muy similares a las del pueblo de
Israel durante el reinado de Manasés.

Pero hizo lo malo ante los ojos de Jehová, conforme
a las abominaciones de las naciones que Jehová
había echado de delante de los hijos de Israel. Por-
que él reedificó los lugares altos que Ezequías su
padre había derribado, y levantó altares a los baales,
e hizo imágenes de Aserá, y adoró a todo el ejército
de los cielos, y les rindió culto. Edificó también
altares en la casa de Jehová, de la cual había dicho
Jehová: En Jerusalén estará mi nombre perpetua-
mente. Edificó asimismo altares a todo el ejército de
los cielos en los dos atrios de la casa de Jehová. Y
pasó sus hijos por fuego en el valle del hijo de Hinom;
y practicaba los presagios y los agüeros, era dado a
adivinaciones, y consultaba a adivinos y encanta-
dores; se excedió a hacer lo malo ante los ojos de
Jehová, hasta encender su ira. Además de esto puso
una imagen fundida que hizo, en la casa de Dios,
de la cual había dicho Dios a David y a Salomón su
hijo: En esta casa y en Jerusalén, la cual yo elegí
sobre todas las tribus de Israel, pondré mi nombre
para siempre; y nunca más quitaré el pie de Israel
de la tierra que yo entregué a vuestros padres, a
condición de que guarden y hagan todas las cosas
que yo les he mandado, toda la ley, los estatutos y los
preceptos, por medio de Moisés. Manasés, pues, hizo
extraviarse a Judá y a los moradores de Jerusalén,
para hacer más mal que las naciones que Jehová
destruyó delante de los hijos de Israel.

2 Crónicas 33.2-9

Las Escrituras nos dicen que Dios habló a Manasés y
a su pueblo. Ellos no escucharon, por lo cual Jehová trajo

contra él a los ejércitos asirios, los cuales lo aprisionaron y se lo llevaron cautivo a Babilonia. Todo esto es muy similar a lo que sucedió al emperador Moctezuma en las manos de los ejércitos comandados por Hernán Cortés.

El pueblo de Judá también hizo lo malo ante Dios y pasaron por el fuego a sus hijos y a sus hijas por lo cual el valle de Tofet (Hebreo: Lugar de fuego) fue juzgado por el Señor y se vino a llamar el Valle de la Matanza.

> *Y edificaron lugares altos a Baal, para quemar con fuego a sus hijos en holocaustos al mismo Baal; cosa que no les mandé, ni hablé, ni me vino al pensamiento. Por tanto, he aquí vienen días, dice Jehová, en que este lugar no se llamará más Tófet, ni valle del hijo de Hinom, sino Valle de la Matanza. Y anularé los planes de Judá y de Jerusalén en este lugar, y les haré caer a espada delante de sus enemigos, y en las manos de los que buscan sus vidas; y daré sus cuerpos para comida a las aves del cielo y a las bestias de la tierra.*
>
> Jeremías 19.5-7

Los aztecas creían que lo más importante en la creación de los dioses era el sol. «Para mantener la rotación del sol diariamente, era necesario derramar sangre humana todos los días. Por esta razón consideraban el sacrificio humano como una obligación sagrada al sol. Sin esto la vida cesaría de existir. Por lo tanto el sacrificio diario de seres humanos tenía que ser provisto. Se estima que más de 20 000 personas eran violentamente sacrificadas anualmente» (*Manual de religiones del mundo*, Wm B. Eerdmans, p. 54).

«Los incas consideraban a la serpiente como el aspecto benevolente de Quetzalcoatl» (*Enciclopedia ilustrada de símbolos*, J.C. Cooper, p. 150). Los incas establecieron el centro de su dominio en el Cuzco cerca del año 1200 a.C. El imperio inca estaba compuesto de diversas tribus que adoraban numerosas cosas. El dios creador era Viracocha y casi todos los ritos religiosos eran acompañados por sacrificios. Estos eran generalmente de cerveza de maíz, comida, llamas y jovencitas vírgenes o niños.

Hoy día en Ecuador, Perú y Bolivia el remanente de la civilización inca todavía permanece en la descendencia de los quechuas. Aunque los mismos difieren en su idioma mantienen la similitud en su forma de vivir y en su religión.

Hoy día los sacrificios humanos aparentemente han cesado. Sin embargo todavía se hacen sacrificios de bebidas, comidas y derramamiento de sangre de animales a los espíritus de la región (dominios, principados, potestades y poderes). Los espíritus tienen una jerarquía de la cual Pachacamac (Pachamama) es el dios que se sienta en el trono o cátedra y reina sobre los Apus y los Aukis. «Estos ejercitan su poder para el desarrollo de los cultivos, haciendo a las bestias fértiles y controlando las comunidades. A ellos se les elevan oraciones, sacrificios de holocausto y algunas veces sacrificios de sangre en sus ceremonias de fertilidad. Con frecuencia los enfermos recurren a los brujos o médiums, llamados *paqo* para averiguar la causa de sus enfermedades. Los paqos obran mediante la adivinación, leyendo las hojas de la coca y se comunican con otros espíritus directamente. (*Manual de las religiones del mundo*, Wm B. Eerdman p. 168).

Y pasó sus hijos por fuego en el valle del hijo de Hinom; y practicaba los presagios y los agüeros, era dado a adivinaciones, y consultaba a adivinos y encantadores; se excedió en hacer lo malo ante los ojos de Jehová, hasta encender su ira.

2 Crónicas 33.6

Todo esto es de mucha significación ya que la Biblia dice en Isaías 14:29b: «Porque de la raíz de la culebra saldrá víbora; y su fruto dragón volador». El Espíritu Santo nos revela el secreto de este dragón o serpiente.

Y fue lanzado fuera el gran dragón, la serpiente antigua, que se llama diablo y Satanás, el cual engaña al mundo entero; fue arrojado a la tierra, y sus ángeles fueron arrojados con él.

Apocalipsis 12.9

Es este el dragón, la «serpiente antigua» el cual engaña al mundo entero. Este fue arrojado a la tierra junto con sus ángeles y tomaron posesión de ella, como es evidente, por la idolatría y adoración de las falsas religiones de la serpiente y dragón.

«La serpiente o dragón, es Satanás, el tentador, el enemigo de Dios y el agente de la caída. Representa los poderes del mal, destrucción, la muerte, el engaño y la astucia. El es también el poder del mal que el hombre necesita sobrevencer. El pintor Dante representa a la serpiente con la condenación[...] la serpiente a los pies de la cruz representa el triunfo de Cristo sobre el mal y los poderes de las tinieblas... Como el tianat de Babilonia, el Satanás del cristianismo es el gran Dragón» (*Enciclopedia ilustrada de símbolos tradicionales*, J.C. Cooper, p. 149).

Chinofilo es una serpiente de muchas cabezas venerada por los indios mapuches en el sur de la nación de Chile. Esta criatura existe y tiene grandes poderes para producir enfermedades (*The Highest Altar*, Patrick Teaney).

Al comprender la raíz de las culturas indígenas podemos darnos cuenta de los espíritus territoriales y los tronos de Satanás sobre naciones enteras. Los espíritus que reinan sobre ciudades, regiones, naciones o aun continentes son parte de la jerarquía establecida por Satanás para reinar sobre las naciones. En Mesoamérica el espíritu de destrucción, llamado Apolión o Abadón ha sido desenlazado para matar, hurtar y destruir. Es un espíritu de violencia que reina sobre México, Centro América y las naciones andinas (Colombia, Ecuador, Perú y Bolivia). Ya existía como hemos visto, antes de la conquista por manos de los españoles.

Bernardino de Sahagún, contemporáneo de Las Casas y Durán, en el prólogo del volumen I de la *Historia general de las cosas de Nueva España* escribe: «En cuanto a la religión y la adoración de sus dioses, yo creo que nunca han existido [*sic*] en el mundo idólatras con más grandes tendencias de dar reverencia a los dioses que los indios de Nueva España, a través del precio de tantos sacrificios humanos».

Sahagún nació en España en 1499 y llegó a México en el 1529, donde vivió hasta su muerte en 1590. Aprendió el idioma Nahuatl y dedicó su tiempo a estudiar los efectos de la conquista y la interpretación de su religión. Dice en su libro lo siguiente: «Los dioses aztecas y romanos son los mismos con diferentes nombres, la diosa Chicomecoatl es la "Ceres"; la diosa de las aguas Chalchiutlicue, es similar a "Juno"; la diosa de las cosas carnales llamada Tlazolteotl, es la misma "Venus"». En su volumen XI (4, 3) relatando sobre las enseñanzas de la religión nativa indicaba que: «La serpiente aprieta al que le ha robado y lo mata».

El apóstol Pablo dice en Gálatas 6.7: «No os dejéis engañar; de Dios nadie se mofa (burla); pues todo lo que el hombre siembre, eso también segará». Dios estableció un orden de reproducción, la ley de génesis o principios establece que toda semilla se reproduce de acuerdo a su especie o género. La violencia de los conquistadores fue el resultado de lo que los nativos habían sembrado, la violencia se reprodujo en violencia.

Los conquistadores no solamente trajeron la violencia y la destrucción sino que contaminaron a Latinoamérica con un espíritu de avaricia conocido como Mamón que en el Arameo significa codicia de riquezas. Este es parte de la naturaleza del ladrón que viene a hurtar. Un espíritu de codicia que junto con la violencia han tomado cátedra en varias naciones de Latinoamérica, como lo son México, Colombia, Perú y otras más. Este espíritu territorial también controla varios centros de comercio internacional como Nueva York, Hong Kong, Manila, Bogotá, Medellín, Buenos Aires, México, etc.

La devoción a estos espíritus que reinan sobre ciudades y naciones (*ethnos*) puede llevar diferentes nombres. Por ejemplo: «El culto a la idolatría, a la diosa madre de Babilonia Semiramis y a su hijo Tammuz, se propagó en Babel. Entre los chinos se llamaba "Shingmoo", los germanos veneraban a "Hertha", los escandinavos a "Disa", en India se venera a "Indrani", los griegos la llaman "Ceres", los sumerios como "Venus", los efesios como "Diana", los egipcios "Isis", los chibchas, "Bachué" (la de senos grandes), los muiscas "Huitaca", y los aztecas "Xochiquétzal". Entre los pueblos conquistadores de los israelitas como leemos en Jeremías 44.17-19, se le conocía como «Reina del cielo» y en Jueces 2.13 vemos que el pueblo de Israel apostató y adoró a Baal y a Astarot* (*Babilonia, misterio religioso*, Woodrow, p. 15).

Los espíritus territoriales pueden tomar diferentes nombres en diversos sitios. En Resistencia, Argentina durante el desarrollo del «Plan Resistencia», la hermana Cindy Jacobs identificó los espíritus locales conocidos por nombres como:

Pombero: espíritu de división

Curupí: espíritu de inmundicia

Pitonisa: espíritu de brujería, la serpiente

Reina del cielo: espíritu de error e idolatría

San La Muerte: espíritu de muerte

«En Buenos Aires, Cindy Jacobs nos compartió que al caminar por la Plaza de Mayo, había podido discernir a las tres potestades más fuertes en la Argentina como: Muerte (incluyendo el asesinato), Avaricia (Mamón) y el principal de todos, un espíritu religioso (reina del cielo), que incorpora a la brujería y el sincretismo de la religión local. Estos tres obran en concierto» (*No batallamos contra carne y sangre*, June Rumph, p. 14).

Comenzar a identificar los espíritus territoriales sobre sus ciudades y naciones es el paso inicial para poder combatir las artimañas del enemigo. Más adelante en el capítulo sobre el espíritu de destrucción, veremos claramente el caso de Colombia y particularmente de las dos ciudades más grandes de Colombia, Santa Fe de Bogotá y Medellín.

La cartografía espiritual nos ayuda a identificar los pecados de nuestros antepasados y nuestros contemporáneos. Nos permite ver el resultado de sus abominaciones ante Dios. Además, las consecuencias de la desobediencia, las que visitan la iniquidad de los padres sobre los hijos y los hijos de los hijos hasta la tercera y cuarta generaciones.

Identificando y reconociendo el pasado podemos romper maldiciones de generaciones previas. Podemos atar al hombre fuerte y clamar con lamento como Jeremías que nos mueve a gritar: «Violencia y destrucción porque la palabra de Jehová me ha sido para afrenta y escarnio todo el día» (Jeremías 20.8).

> *Y si digo: No haré más mención de él, ni hablaré más en su nombre; entonces hay en mi corazón como un fuego ardiente metido en mis huesos; me fatigo en tratar de contenerlo, pero no puedo.*
>
> Jeremías 20.9

> *Más Jehová está conmigo como poderoso guerrero; por tanto, los que me persiguen tropezarán, y no prevalecerán; serán avergonzados en gran manera, porque no prosperarán; tendrán perpetua confusión que jamás será olvidada. Oh Jehová de los ejércitos, que pruebas a los justos, que ves los riñones y el corazón, vea yo tu venganza de ellos; porque a ti he encomendado mi causa. Cantad a Jehová, alabad a Jehová; porque ha librado el alma del pobre de mano de los malhechores.*
>
> Jeremías 20.11-13

La palabra de Dios revela claramente que los habitantes de una nación, ciudad, o continente están atados espiritualmente a la tierra en que habitan. Es decir, «La naturaleza responde a la condición espiritual de aquellos que ocupan la nación» («Precepts, Yandian». March/April 1992). La maldición de la rebeldía y desobediencia de Adán y Eva contaminó la tierra: el parto de la mujer, la naturaleza comenzó a producir espinos y cardos y las bestias se desenfrenaron unas contra otras.

Y Jehová Dios dijo a la serpiente: Por cuanto esto hiciste, maldita serás entre todas las bestias y entre todos los animales del campo; sobre tu pecho andarás, y polvo comerás todos los días de tu vida. Y pondré enemistad entre ti y la mujer, y entre tu simiente y la simiente suya; ésta te herirá en la cabeza, y tú le herirás en el talón. A la mujer dijo: Multiplicaré en gran manera tus dolores en tus preñeces; con dolor darás a luz los hijos ; y tu deseo será para tu marido, y él se enseñoreará de ti. Al hombre dijo: Por cuanto obedeciste a la voz de tu mujer, y comiste del árbol de que te mandé diciendo: No comerás de él; maldita será la tierra por tu causa; con dolor comerás de ella todos los días de tu vida. Espinos y cardos te producirá, y comerás plantas del campo.

Génesis 3.14-18

Si aplicamos los principios que aprendemos de Israel podemos ver que los problemas de enfermedad, pobreza, corrupción, moralidad, violencia, crimen y otros más son simplemente la reflexión de las cosas en el ámbito espiritual.

Mi pueblo fue destruido porque le faltó conocimiento. Por cuanto desechaste el conocimiento, yo te echaré del sacerdocio; y porque olvidaste la ley de tu Dios, también yo me olvidaré de tus hijos. Conforme a su multitud, pecaron contra mí; también yo cambiaré su honra en afrenta.

Oseas 4.6-7

Fig. 1:
Sacrificios de sangre:
extrayendo el corazón
del ser viviente

Fig. 2:
Sacrificios de fuego

Dibujos de *La conquista de América* [The conquest of America], Tzvetan Todoron, p. 187.

Festivales, peregrinaciones, ferias, carnavales y ritos

Pues aunque haya algunos que se llamen dioses, sea en el cielo, o en la tierra (como hay muchos dioses y muchos señores), para nosotros, sin embargo, sólo hay un Dios, el Padre, del cual proceden todas las cosas, y nosotros somos para él; y un solo Señor, Jesucristo, por medio del cual son todas las cosas, y nosotros por medio de él. Pero no en todos hay este conocimiento; porque algunos, habituados hasta aquí a los ídolos, comen como sacrificado a ídolos, y su conciencia, siendo débil, se contamina.

1 Corintios 8.5-7

Se postró Bel, se abatió Nebó; sus imágenes fueron puestas sobre bestias, sobre animales de carga; esas cosas que vosotros solíais llevar, son cargadas como fardos sobre las bestias cansadas.

Isaías 46.1

Se lo echan sobre los hombros, lo llevan, y lo colocan en su lugar; allí se está, y no se mueve de su sitio. Le gritan, y tampoco responde, ni libra de la tribulación.

Isaías 46.7

Y me dijo: Hijo de hombre, horada ahora en la pared. Y horadé en la pared, y he aquí una puerta.

> *Me dijo luego: Entra, y ve las malvadas abominacio-*
> *nes que éstos hacen aquí.*

Ezequiel 8.8-9

Los poderes satánicos toman potestad y se entronizan sobre naciones, regiones, provincias, ciudades y hasta vecindarios. Una de las maneras de hacerlo es cuando los habitantes locales les abren las puertas dándoles la bienvenida por medio de festivales, peregrinaciones, ferias, carnavales y ritos. Desde el momento en que el hombre le da oficio a un lugar, desde ese instante, el sitio controla al hombre en esa función.

George Otis, Jr. escribe en su libro *El último de los gigantes* [The last of the giants], página 89: «En la mayoría de estas fortalezas, el alcance y la intensidad de control demoníaco parece existir en proporción directa con la bienvenida explícita que se le dio originalmente y el cuidado de preservar esta alianza a través de festivales, ritos y peregrinaciones».

Todas esta actividades pueden tener diferentes trasfondos, ya sean funciones religiosas, tradicionales, folklóricas, sociales y en algunos casos políticas. Satanás es el padre de la mentira y su arma más grande es el engaño. Bajo estos pretextos retiene el control de espíritus territoriales sobre áreas, en las cuales se le preserva su bienvenida. Los medios principales de asegurar y mantener la buena voluntad de estos gobernadores de maldad en lugares celestiales son el sacrificio, principalmente cuando hay derramamiento de sangre, la oración, la renovación de votos y luego la celebración o festividades.

Festivales religiosos

> *Le despertaron a celos con los dioses ajenos; lo*
> *provocaron a ira con abominaciones. Sacrificaron*
> *a los demonios, y no a Dios; a dioses a los que no*
> *habían conocido, a nuevos dioses venidos de cerca,*
> *que no habían temido vuestros padres.*
>
> Deuteronomio 32.16-17

Mientras que los sacerdotes vestidos en sus hábitos blancos recantan ante el altar en la catedral de la Ciudad de México y muchos de los fieles responden a la letanía romana, en el suburbio de Villa Madero, danzantes aztecas en su vestimenta emplumada danzan al ritmo de los tambores. Ambos grupos están pagando homenaje a su madona indígena, afuera de la Basílica de Nuestra Señora de Guadalupe, la cual no por casualidad fue edificada exactamente en el sitio de adoración a la diosa azteca Tonantzin.

La coexistencia de la adoración religiosa preserva la sincretización de la idolatría y creencias que vinieron en el mestizaje de las culturas. Fue igual cuando la iglesia romana asimiló la idolatría y adoración de los dioses romanos, los cuales en sí eran una mezcla de toda clase de idolatría que tuvo su origen en Babilonia. Asimismo la iglesia asimiló la idolatría y adoración de los indígenas. Cortés y sus seguidores observaron los sacrificios humanos de los aztecas y lo que semejaba ritos satánicos similares a los de su cristiandad tales como el comer el pan con la imagen de *Huitzilopochtli*, un dios nacido de una virgen y otros más.

Cuando los españoles derribaban los templos y edificaban iglesias, sustituyeron los objetos de la idolatría de los nativos. Muchos indígenas tomaron su religión y la escondieron en sus casas y escondieron sus ídolos en las colinas. Los frailes buscando ganar la aceptación de las almas indígenas adaptaron el amor de los nativos a la música, la danza y el drama, como también sus trajes festivos a las fiestas de la iglesia romana y los catequizaron en la lengua azteca.

Desde las fronteras de la baja California, México, hasta la tierra del fuego en Sudamérica, es común encontrar ferias, fiestas y peregrinaciones anuales. En las cuales se les presta tributo a los dioses nativos y luego concluyen las ceremonias en las iglesias romanas. Un buen ejemplo de esto es el festival de octubre en Guadalajara, en el cual se le da honra a la virgen de Zapopán. Los celebrantes desfilan con máscaras de los dioses y animales aztecas para fortalecerse.

Por toda Latinoamérica sólo los nombres cambian. En Cuba puede ser la virgen de la Caridad del Cobre; en Colombia, la virgen de Chiquinquira; en la Argentina, la virgen de Luján y muchas otras más.

Anualmente, en el norte de Chile, se celebran las «diabladas de la virgen de la Tirana». En estas fiestas los fieles se visten con disfraces de matachines y máscaras de demonios que traen de Bolivia. Durante el procesional los nativos danzan los ritmos nativos y entonan cánticos hasta que la imagen de la virgen es puesta en su trono. Lo interesante de estas fiestas es la mezcla de los diablos, las máscaras nativas, las danzas a los ritmos de los tambores indígenas y la adoración a la virgen.

Uno de los festivales religiosos más grandes en México es el «día de los muertos». El 1º de noviembre, los niños juegan comiendo dulces de calaveras, juguetes de esqueletos, ataúdes y desfilan con máscaras de matachines. No por casualidad este día es conocido como el «día de las brujas». El satanismo celebra después de la media noche numerosas ceremonias ofreciendo sacrificios de animales y en cuanto le es posible, de bebés que han tenido sus feligreses. Los indígenas tienen una noche de vigilia donde invocan a los espíritus de los seres muertos para que tengan la oportunidad de trasladarse del laberinto espiritual al natural y para que participen de frutas y panes que se ponen en las mesas para los espíritus que tengan hambre.

Carnavales tradicionales

Más bien digo que lo que los gentiles sacrifican, lo sacrifican a los demonios, y no a Dios; y no quiero que vosotros tengáis comunión con los demonios. No podéis beber la copa del Señor, y la copa de los demonios; no podéis participar de la mesa del Señor, y de la mesa de los demonios.

1 Corintios 10.20-21

El diablo mestizo, perturbador, con alas de murciélago y tenedor gigante, arrastra su costal de tentaciones por las calles coloniales de un pueblo caldense Riosucio[...] Riosucio es sede del único carnaval colombiano que hace fiestas en honor al demonio desde hace 142 años[...] Mujeres engalanadas hacen un cordón de honor al paso de la procesión pagana y arrojan a los pies de Lucifer, rosas, serpentinas, y confeti[...] Su majestad, el diablo se abre paso[...] luego se instala en su puesto sagrado recostado en las paredes de la iglesia católica, apostólica, y romana de Riosucio (*El Tiempo*, jueves 5 de enero, 1989; Sección 1-B; Ángela Sánchez, redactora).

El desfile tarda una hora mientras la Banda Municipal no cesa de interpretar el himno al carnaval y la marcha «Diablo, satán, demonio», comienza después que el primer ritual satánico al despertar se detona la «culebra».

(*El País*, sábado 7 de enero, 1989; Alvaro Gartner, redactor).

El carnaval es fruto de la mezcla entre las razas negra, blanca e indígena. Surgió como una sincretización de las festividades católicas que ya tenían carácter mestizo y se les adiciona el culto al jaguar y la serpiente.

El carnaval explota la entronización del diablo. Miles de personas ovacionan su posesión de esta localidad y dan rienda suelta a la alegría, la cual incluye el baile, el aguardiente, la cerveza y el ron.

Fiestas folklóricas

Inti-Raymi

> *¿Qué digo, pues? ¿Que el ídolo es algo, o que sea algo lo que se sacrifica a los ídolos? Más bien digo que lo que los gentiles sacrifican, lo sacrifican a los demonios, y no a Dios; y no quiero que vosotros tengáis comunión con los demonios.*

1 Corintios 10.19-20

Tal vez, la celebración que más ha llamado la atención despertando la curiosidad a los sociólogos, antropólogos y turistas nacionales e internacionales han sido las festividades y ceremonias que se efectúan cada 24 de junio en la plaza principal del Cuzco, Perú.

Hace más de cuarenta años fue reestablecida esta festividad para evocar el pasado glorioso del Tahuantin-suyu, la cual se escenifica en la gran plaza de Sacsayhua-man. En el pasado asistían principalmente el inca y sus familias, todos los incas de sangre real o panacas, los capitanes y curacas de todas las naciones que formaban el Tahuantinsuyu, las vírgenes del sol y demás Akelas y miles de músicos y bailarines. Mientras que en la actualidad acuden más de cien mil personas provenientes de las distintas regiones del Perú y del resto del mundo («Perú: la fiesta del sol Intiraymi». Sección de turismo, páginas 6-9, revista *Aeroperú*).

María Mercedes Pérez de Beltrán redacta en la revista del jueves 11 de junio de 1987, del periódico *El Sol* de Cali, Colombia, que: «Esta celebración se hacía en toda la extensión del enorme imperio inca, desde el sur de Colombia hasta el norte de la Argentina[...] Después que el inca invoca al dios del Sol ante el coriconcha, se pasa al sacrificio de una llama blanca o negra, la cual sostienen cuatro indígenas mientras le abren el costado izquierdo estando aún viva y luego con la mano, le sacan el corazón sin cortarlo con ningún instrumento, acto que consideran de buen augurio. Después, todos los presentes comen una especie de pan de maíz mojado en la sangre de la llama.

«Terminado el ritual, inician una celebración con danzas, bailes para darle honor a los ukukos, machus y sasgas que representan el espíritu de la montaña y otros diablos. Todo esto lo hacen con trajes muy coloridos y máscaras de animales feroces. Luego se integran los bailes populares y el beber de la chicha y el alcohol, al precipitado ritmo de los huaynos».

«En esta misma fecha, cada 24 de junio, los indígenas Waunanas confirman sus costumbres y enseñan a los jóvenes las tradiciones culturales de sus antepasados. Estos se reúnen en la comunidad de Chachajo en el área sur del Choco, Colombia, donde hay una peregrinación estilo "Meca". Con la danza de carichipary, los indígenas dan inicio a las festividades. Los nativos escogen a varios representantes, los cuales con sus ojos vendados, degollan a un animal. Luego de la ceremonia, los habitantes de la zona comienzan a beber un aguardiente y guarapo fermentado y concluyen con bailes y borracheras».

Carnavales sociales

De todos los carnavales en el mundo, el carnaval de Río de Janeiro en Brasil es tal vez el más conocido. Estos carnavales envuelven a toda la región y tienen la asistencia de miles de turistas del extranjero. En los desfiles hay toda clase de carrozas incluyendo muchas en las cuales, el ocultismo y brujerías de la Macumba son preeminentes. Este carnaval es una mezcla de brujería, ocultismo, embriaguez, homosexualismo, carnalidad, promiscuidad sexual y toda clase de bacanales, que son una simple imitación de los carnavales al dios Dionisio de Roma, el dios del placer sensual.

Un viejo observador explicó la ocasión de esta manera: «El considerar que nada es malo[...] era la más alta forma de devoción religiosa entre ellos[...] Los misterios de Dionisio, también llamados Bacanalia, proveyeron el libertinaje y la licencia para las festividades. Los placeres del beber y el comer eran añadidos a los ritos religiosos para atraer un gran número de fieles. Cuando el vino había prendido sus sentimientos y en la noche la mezcla de todos los placeres sexuales, sin importar la edad o el género, se había extinguido todo poder moral[...] algunos documentos antiguos informan del sacrificio de animales, el beber sangre y comer animales y la posibilidad de sacrificios humanos (*Poderes de las tinieblas* [Powers of darkness], C.E. Arnold, pp. 43-45).

El vino, la chicha, la coca y otras drogas alucinógenas era usadas en ritos que abrían las puertas al laberinto espiritual. Estas son sustituidas en los festivales, por la cerveza, el tequila, el aguardiente, el ron y otras bebidas embriagadoras, así como también, el uso del peyote, la marihuana, el bazuco y la cocaína.

Gloria Estefan, quien se popularizó con la música del conjunto musical «Miami Sound Machine», comentó en una entrevista personal publicada en la revista de la empresa aérea United Airlines, junio, 1992, que: «La conga es un ritmo afrocubano que proviene de la región africana del valle del Congo. Las congas son los instrumentos que usan en las celebraciones y ritos de santería en los cuales la gente es poseída por espíritus».

Haití, la nación más miserable de América, está altamente involucrada en el ocultismo y brujería demoníaca del vudú. Esta ha exportado a la Florida y a Latinoamérica sus ceremonias y rituales de sacrificios, los cuales según sus adeptos, tienen contacto con los espíritus sobrenaturales de sus dioses mediante las danzas al ritmo de sus tambores.

Isaías relata el juicio de Dios sobre la Babilonia antigua y moderna.

> *Será descubierta tu desnudez, y tu deshonra será vista; tomaré venganza, y no habrá quien se me resista[...] Porque te confiaste en tu maldad, diciendo: Nadie me ve. Tu sabiduría y tu misma ciencia te engañaron, y dijiste en tu corazón: Yo, y nadie más. Vendrá, pues, sobre ti el mal, y no sabrás cómo conjurarlo; caerá sobre ti quebrantamiento, el cual no podrás remediar; y vendrá de repente sobre ti la ruina, antes de que te apercibas de ella.*
>
> Isaías 47.3,10-11

En México y en muchas otras naciones de Latinoamérica, particularmente en las áreas campesinas, la superstición abunda con frecuencia. Los objetos de veneración son puestos en todos los hogares, negocios, o vehículos de transportación, presuponiendo que dichos objetos responderán a las oraciones y les librarán de sus tribulaciones.

Es perfectamente claro que Pablo insta a los nuevos creyentes a huir de toda clase de idolatría: «Por tanto amados míos, huid de la idolatría» (1 Corintios 10.14).

Capítulo 14

El espíritu de destrucción

Y tienen por rey sobre ellos al ángel del abismo, cuyo nombre en hebreo es Abadón, y en griego, Apolión.

Apocalipsis 9.11

El ladrón viene a matar, hurtar y destruir. La palabra destruir en el término griego Apolión significa destructor.

De cierto, de cierto os digo: El que no entra por la puerta en el redil de las ovejas, sino que sube por otra parte, ése es ladrón y salteador. Mas el que entra por la puerta, es pastor de las ovejas. A éste le abre el portero, y las ovejas oyen su voz; y llama a sus propias ovejas por su nombre, y las saca. Y cuando ha sacado fuera todas las propias, va delante de ellas; y las ovejas le siguen, porque conocen su voz. Mas al extraño no le seguirán, sino que huirán de él, porque no conocen la voz de los extraños. Esta alegoría les dijo Jesús; pero ellos no comprendieron de qué les estaba hablando.

Juan 10.1-6

El apóstol Pablo indica que debido a que el pueblo de Israel codició las cosas malas y pecó ante Dios fue víctima de sus pecados por manos del exterminador o destructor.

Porque no quiero, hermanos, que ignoréis que nuestros padres estuvieron todos bajo la nube, y

*todos pasaron por el mar; y todos, siguiendo a
Moisés, fueron bautizados en la nube y en el mar, y
todos comieron el mismo alimento espiritual, y todos
bebieron la misma bebida espiritual; porque bebían
de la roca espiritual; que los seguía, y la roca era
Cristo. Pero de los más de ellos no se agradó Dios,
pues quedaron tendidos en el desierto. Mas estas
cosas sucedieron como ejemplos para nosotros, para
que no codiciemos cosas malas, como ellos codicia-
ron. Ni seáis idólatras, como algunos de ellos, según
está escrito: Se sentó el pueblo a comer y a beber, y
se levantó a divertirse. Ni forniquemos, como algunos de ellos fornicaron, y cayeron en un día veinti-
trés mil. Ni provoquemos al Señor, como también
algunos de ellos le provocaron, y perecieron mordi-
dos por las serpientes. Ni murmuréis, como algunos
de ellos murmuraron, y perecieron víctimas del
Exterminador.*

1 Corintios 10.1-10

El término usado para destructor en hebreo es Abadón.

*Porque el Eterno pasará por la tierra hiriendo a los
egipcios; y cuando vea la sangre en el dintel y en los
dos postes, pasará Jehová de aquella puerta, y no
dejará entrar al ángel destructor en vuestras casas.*

(Traducción Moffatt de Éxodo 12.23)

*Respondió Job, y dijo: ¿En qué ayudaste al que no
tiene poder? ¿Cómo has amparado al brazo sin
fuerza? ¿En qué aconsejaste al que no tiene conocimientos, y qué hábil talento has dado a conocer? ¿A
quién has dirigido tus palabras, y de quién es el
espíritu que de ti procede? Las sombras tiemblan en
lo profundo de los mares, y sus habitantes se estre-*

mecen. El Seol está descubierto delante de él, y el Abadón no tiene cobertura.

Job 26.1-6

El Violento, el Destructor, Apollyon o Abadón es conocido mayormente como el espíritu de violencia.

En cuanto a las obras humanas, por la palabra de tus labios yo me he guardado de las sendas de los violentos.

Salmo 17.4

Colombia como estudio clásico del espíritu de violencia

La herencia de Colombia ha sido la violencia. Fue fundada y establecida en violencia. Colombia es conocida como una de las naciones más violentas del mundo entero y preferentemente así es considerada la ciudad de Medellín. La única ciudad de equivalencia es Colombo, Sri Lanka en donde hay una guerra entre hindúes, musulmanes y budistas, que está acabando con la nación.

Medellín fue fundada en 1616 por el mariscal Robledo. Los conquistadores españoles fundaron la ciudad bajo los espíritus de violencia y avaricia. Ellos resolvieron el problema indígena simplemente erradicando a todos los aborígenes, liquidando a todo el que se interpusiera entre ellos y el oro de la región. Los vascos y judíos inmigraron para explotar las minas de oro y como en el oeste de los Estados Unidos las gentes de esta región eran ferozmente independientes y resolvían todos sus conflictos violentamente matándose unos a otros a causa de la política, la religión o lo que fuera necesario, para defender el honor. Una de las regiones más violentas en contra del evangelio es Antioquía y particularmente en su capital se encuentra la llamada Roma de Latinoamérica.

En la Unión, Santa Rosa de Osos, Medellín, Entreros, San Pedro, Segovia, etc., hay valientes soldados del ejército de Dios. Misioneros norteamericanos y sus discípulos colombianos como Benigno Mantilla, José Gutiérrez, Jesús Zuleta, Carmen Husma, Julio Orozco, Henry Parra y muchos más, sufrieron persecución y derramaron su sangre para proclamar el evangelio. Segovia así llamada en memoria de Segovia, España, manifestaba la violencia para probar su fidelidad a la región, como lo habían hecho sus antepasados españoles, donde los famosos «Autos-de-fe» se acarreaban quemando vivos a los herejes. Los espíritus territoriales de la violencia y la avaricia prevalecen en todo el país y particularmente en esta región.

> *...el reino de los cielos sufre violencia, y los violentos lo arrebatan (el poder de Dios).*
>
> Mateo 11.12

La sangre de muchos de estos hermanos ha sido la semilla que se está reproduciendo en un explosivo avivamiento en este país. Colombia tiene que prepararse porque es la hora de visitación de Dios y durante la visitación existe la más grande e intensa guerra espiritual. Así lo fue durante los tiempos de Jesús, así lo es hoy día. La violencia de los años de 1948 en adelante comenzó con el *Bogotanazo*. Con el asesinato de Jorge Eliecer Gaitán se desató una ola de violencia política y religiosa que trajo un avivamiento espiritual a este país. La iglesia evangélica ascendía aproximadamente en 1943 a 3,000. Para el año de 1960 había crecido a 30,654 miembros bautizados. En el 1966 se había duplicado a 63 810 y en el 1970 la comunidad «protestante» contaba con 255,240 evangélicos; hoy en día cuenta aproximadamente con un millón. (Datos según B.H. Pearson en *Mi Dios acabó de pasar*, publicado en 1972 por la Misión Interamericana fundada en Colombia en 1943.)

Bogotá, la ciudad gris y capital del imperio Chibcha, fue conquistada por Gonzalo Jiménez de Quesada en 1536, quien la rebautizó con el nombre de Santa Fe de Bogotá. Esta ciudad fue fundada también con violencia y destrucción, pero ha tenido una grandiosa explosión de avivamiento. El mismo ha sido posible, basado en parte, por la unidad pastoral, por el pueblo de Dios trabajando en equipo, no con un solo jugador estrella, sino como un equipo de defensores (intercesores) y delanteros (atacadores), trabajando y colaborando para obtener el triunfo contra el adversario.

El lunes 16 de diciembre de 1968 las noticias de *El Tiempo*, el periódico más importante de Colombia decían: «LOS EVANGÉLICOS MANIFIESTAN LA LIBERTAD RELIGIOSA QUE EXISTE EN LA NACIÓN». El artículo comenzó diciendo: «Treinta mil evangélicos marcharon ayer por el centro de Bogotá».

La persecución no destruyó sino que fortaleció a la iglesia. El cuerpo de Dios crece mediante las crisis. Históricamente el avivamiento ha sido el resultado de una persecución de violencia a la iglesia del Señor. El reto para los que tienen las llaves de las puertas espirituales de las ciudades es el de tomar estas ciudades y las naciones para Cristo. ¿Cómo? Primeramente siguiendo los pasos iniciales para comenzar la batalla:

1) Levantar un ejército de oración, intercesión y ayuno que aten al hombre fuerte, al príncipe de la potestad del aire designado sobre nuestros países y ciudades.

2) Discernir los espíritus territoriales asignados a cada localidad y batallar contra ellos con espíritus opuestos, por ejemplo:

Si es la *violencia*, contrarrestarla con la *paz*.

Si es el *odio*, contrarrestarlo con el *amor*.

Si es la *avaricia*, contrarrestarla con la *caridad*.

3) Preparar al pueblo entero: movilizando al ejército de Dios y equipándolo con las armas espirituales y el conocimiento y la sabiduría de Dios para reconocer las tácticas del enemigo, resistirlas y salir triunfantes y victoriosos.

Todo ejército sufre pérdidas en la guerra. Pero mientras más preparado esté, mientras más unidos se encuentren sus comandantes y generales, etc., más rápida y eficiente es la batalla y menos víctimas caen. (El ejército de los Estados Unidos en el Golfo Pérsico, es un magnífico ejemplo de ésto.) Entre más confusión y falta de comunicación, independencia, etc., más grande será la derrota, el costo y las víctimas.

Los *porteros* tienen que preparar el terreno. En la hora más propicia deben llevar a cabo un ataque sorprendente con todas las armas y así veremos en Latinoamérica el más grandioso avivamiento en la historia del continente.

¿Qué será de la iglesia cristiana en Latinoamérica? Tenemos el reto de ser la fuerza vital de mayor importancia en el continente.

Al ganar millones para Cristo las naciones tendrán un sentido de estabilidad, balance, propósito y paz, enseñando y demostrando los valores de amor, paz, fe, sacrificio, disciplina, responsabilidad y reconociendo la dignidad de todo ser humano. Cuando todas las cosas sucedan, la iglesia tendrá la comunión de Dios y con Dios.

LAS ARMAS
DE GUERRA

SECCIÓN V

LAS ARMAS
DE GUERRA

Capítulo 15

Las armas de guerra

Cuando el hombre fuerte armado, guarda su palacio, (templo, cuerpo, hogar, congregación), en paz está lo que posee.

Lucas 11.21

Todo cristiano es llamado a ser un soldado en el ejército de Dios. Jehová es llamado el Señor de los ejércitos. Jehová Tsebaah, es el título del comandante general de los ejércitos. Es este quien promete darnos victoria y hacernos más que vencedores. El mismo que estuvo con David y le dio la victoria sobre los filisteos, sobre Moab y sobre los arameos. Fue el Señor de los ejércitos el que defendió a Jerusalén de la mano del rey de Asiria por amor a sí mismo y a su siervo David.

Porque saldrá de Jerusalén remanente, y del monte de Sión los que se salven. El celo de Jehová de los ejércitos hará esto. Por tanto, así dice Jehová acerca del rey de Asiria: No entrará en esta ciudad, ni echará saeta en ella; ni vendrá delante de ella con escudo, ni levantará contra ella baluarte. Por el mismo camino que vino, volverá, y no entrará en esta ciudad, dice Jehová. Porque yo ampararé esta ciudad para salvarla, por amor a mí mismo, y por amor a David mi siervo.

2 Reyes 19.31-34

Es Jehová de los ejércitos quien promete que nunca nos dejará ni nos desamparará. Aquel que es el Capitán y Autor de nuestra salvación nos promete descender de su trono para combatir en defensa de su pueblo. Isaías 31.5 nos revela que: «Como aves que vuelan, así protegerá el Señor de los ejércitos a Jerusalén; la protegerá y la librará, la perdonará y la rescatará». El cristiano es ciudadano del reino del Dios vivo, la Jerusalén celestial, la asamblea de los hijos de los cielos cuyos nombres están escritos en el libro de la vida del Cordero desde la fundación del mundo.

Otro de los nombres del Señor es *Jehová-nissí*, lo cual significa Jehová es mi estandarte. El estandarte representa a la nación y el ejército triunfante. Moisés usó este nombre para declarar que Dios siempre derrotaría al enemigo, siempre y cuando el pueblo israelita le siguiera. Vemos como Amalec peleó contra Israel en Refidim, vemos que mientras el pueblo de Dios batallaba y Moisés tenía en alto la vara de Dios en su mano, el pueblo prevalecía, cuando dejaba caer su mano, prevalecía Amalec. Con la ayuda de Aarón y Hur los cuales sostenían las manos de Moisés, Josué destruyó totalmente al enemigo a filo de espada. En honor a esto Moisés edificó un altar y le puso por nombre «El Señor es mi estandarte» y dijo: «El Señor lo ha jurado, el Señor hará guerra contra Amalec de generación en generación» (Véase Éxodo 17.15-16).

La guerra espiritual es un conflicto en el ámbito espiritual. «No tenemos lucha (batalla) contra sangre y carne (seres humanos)». Por esta razón Dios nos ha dado armas espirituales para librar batallas pues aunque andamos (vivimos) en la carne no luchamos (batallamos) según la carne, porque las armas de nuestra contienda no son carnales (humanas), sino poderosas en Dios para la destrucción de fortalezas.

Pues aunque andamos en la carne, no militamos según la carne; porque las armas de nuestra milicia no son carnales, sino poderosas en Dios para la destrucción de fortalezas, derribando argumentos y toda altivez que se levanta contra el conocimiento de Dios, y llevando cautivo todo pensamiento a la obediencia a Cristo...

2 Corintios 10.3-5

Para proteger o cuidar nuestros bienes, Dios nos ha dado las siguientes armas para que equipados y ejercitados en ellas podamos asegurarnos la victoria:

1. la oración y el ayuno
2. la sangre de Jesús
3. el nombre de Jesús
4. el Espíritu Santo
5. la Palabra de Dios
6. la alabanza y adoración
7. el ministerio de los ángeles
8. el amor de Dios.

La epístola a los Efesios es el manual de instrucción para el ejército de Dios. Pablo concluye la revelación del Espíritu Santo retando al creyente a revestirse de la armadura y el armamento de Dios, para que los ejércitos de Dios juzguen y peleen con justicia.

Por lo demás, hermanos míos, robusteceos en el Señor, y en el vigor de su fuerza.

Efesios 6.10

La palabra robustecer es el término griego *energeo*. Este puede ser interpretado por: Sed llenos de poder en el Señor y en el poder (*kratos*) de su fuerza (*ischus*). Estos tres términos son la instrucción para el adiestramiento en el uso de la armadura y armamento que nos han sido dados.

Energeo: Energía o poder demostrado en evidencia. Se refiere al uso o aplicación del poder.

Kratos: Vigor, también significa proeza, es decir el resultado del uso del poder.

Ischus: Fuerza, significa poder o autoridad recibido por herencia, una fuerza inherente que nos permite resistir.

> ...*alumbrando los ojos de vuestro entendimiento, para que sepáis cuál es la esperanza a que él os ha llamado, y cuáles las riquezas de la gloria de su herencia en los santos, y cuál la supereminente grandeza de su poder para con nosotros los que creemos, conforme a la eficacia de su fuerza.*
>
> Efesios 1.18-19

Una vez que comprendemos nuestra autoridad, nuestro llamado y nuestro armamento, somos ordenados a someternos al Capitán de los ejércitos celestiales, a resistir al diablo, es decir a pararnos en oposición como un antihistamínico.

> *Vestíos de toda la armadura de Dios, para que podáis estar firmes contra las artimañas del diablo.*
>
> Efesios 6.11

La orden es de vestirnos con toda la armadura de Dios. Para así estar firmes, manteniendo nuestro terreno sin vacilar o retroceder contra las artimañas (*methodeia*), engaños, trucos, mentiras o métodos del padre de la mentira y el engaño.

Por tanto, tomad toda la armadura de Dios, para que podáis resistir en el día malo, y habiendo cumplido todo, estar firmes.

Efesios 6.13

Por tanto tomad (todos) toda la armadura de Dios para que podáis (todos) resistir.

Y perseguiréis a vuestros enemigos, y caerán a espada delante de vosotros. Cinco de vosotros perseguirán a ciento, y ciento de vosotros perseguirán a diez mil, y vuestros enemigos caerán a filo de espada delante de vosotros.

Levítico 26.7-8

¿Cómo podría perseguir uno a mil, y dos hacer huir a diez mil, si su Roca no los hubiese vendido, y Jehová no los hubiera entregado?

Deuteronomio 32.30

El llamado pues, no es para individuos sino para todos los miembros del cuerpo de Cristo, unidos en batalla. La guerra espiritual es efectiva cuando se lleva a cabo en la plenitud del cuerpo de Cristo.

Estad, pues, firmes, ceñidos vuestros lomos con la verdad, y vestidos con la coraza de la justicia, y calzados los pies con el apresto del evangelio de la paz. Sobre todo, embrazando el escudo de la fe, con que podáis apagar todos los dardos encendidos del maligno. Y tomad el yelmo de la salvación, y la espada del Espíritu, que es la palabra de Dios.

Efesios 6.14-17

En el matrimonio, por ejemplo, se refiere a la fidelidad mental y física. En tu vida privada es integridad en tu vida cristiana, cuando no comprometas tu conciencia violándola en áreas espirituales, emocionales, físicas, económicas etc.

La coraza de justicia es el tener conciencia de tu posición en Cristo. Es decir, que eres justo porque tu justicia proviene de Dios a través de Cristo mediante su sangre.

El andar se hace con los pies, andamos con los pies (Efesios 4.1 y 5.2). Nuestro caminar debe ser siempre con las buenas nuevas de la paz.

Sobre todo, embrazando (meter el brazo en el asa del escudo), el escudo de la fe, con que podáis apagar todos los dardos encendidos del maligno. Y tomad el yelmo de la salvación y la espada del Espíritu que es la Palabra de Dios.

> *Pero nosotros, que somos del día, seamos sobrios, habiéndonos vestido con la coraza de fe y amor, y con la esperanza de salvación como yelmo.*
>
> 1 Tesalonicenses 5.8

Yelmo: Casco protector (cubre la mente, la voluntad y las emociones).

La espada (*machaira*): nuestra palabra machete tal vez describe mucho mejor, el arma ofensiva. En el Medio Oriente habían varias clases de espadas, unas eran largas, otras puntiagudas, otras filosas, pero la espada que usaban los romanos, era corta, puntiaguda y de doble filo. Era un instrumento preciso y diseñado para destruir al enemigo, atar al hombre, resistir sus ataques y batallas hasta sobrevencer (*nikao*).Cristo desarmó al enemigo y nos ha dotado de las armas necesarias para sobrevencer. Es decir, «en Cristo Jesús somos más que vencedores». Lo cual significa que como iglesia y cuerpo de Cristo la victoria viene por medio de un esfuerzo coordinado en la unidad del Espíritu. Asimismo Dios nos ha dado una espada de doble filo para destruir todo ataque del enemigo y otras armas para atacar al campo del enemigo.

Capítulo 16

La oración abre puertas para el evangelio

Perseverad en la oración, velando en ella con acción de gracias; orando también al mismo tiempo por nosotros, para que el Señor nos abra puerta para la palabra, a fin de dar a conocer el misterio de Cristo, por el cual también estoy preso, para que lo manifieste con la claridad con que debo hablarlo.

Colosenses 4.2-4

La mayor porción de este capítulo ha sido información obtenida de una consulta de intercesión. La misma fue hecha por el hermano John D. Robb a la Sociedad Internacional para Misiones Fronterizas en septiembre 13 al 15 de 1990 y titulada «La oración como un arma estratégica en las misiones fronterizas». Esta fue compartida con los miembros de la «Red de guerra espiritual» en nuestra segunda consulta del 29 al 30 de noviembre de 1990.

Debido a la milagrosa caída del gobierno soviético hay algunos cambios. Sin embargo el contenido total es relevante y contemporáneo y de gran impacto para que podamos realizar la vital e importante intercesión en la Guerra espiritual.

El apóstol Pablo instó a todos los cristianos de su generación a: «perseverar en la oración, velando en ella con acción de gracias; orando también al mismo tiempo por ellos para que el Señor nos abra puerta para la palabra a fin de dar a conocer el misterio de Cristo».

Recientemente el ministerio internacional para los musulmanes de Don McCurry nos ha dado una ilustración impactante al respecto. Hace seis años que Don McMurry visitó el país del oeste africano de Guinea. Un líder marxista llamado Sékou Touré, había sacado a punta de pie a todos los misioneros excepto a dos, y estaba muy ocupado torturando a prisioneros políticos. Los dos misioneros que quedaron, McCurry y doce pastores nacionales se juntaron para interceder por el país.

Primero, intercedieron para el derrocamiento de este tirano marxista, el cual había cerrado las puertas para futuros esfuerzos misioneros, cuando casi todos los grupos quedaron sin poder ocupar sus iglesias. Entonces se dispusieron a poner mapas en el salón donde se congregaban para sus juntas y unidos impusieron manos sobre esas áreas del país y en grupos donde no había presencia cristiana. Oraron y estaban de acuerdo por un adelanto en el establecimiento de ministerios cristianos entre ellos.

En menos de un año, Sékou Touré estaba fuera del poder, reemplazado por un líder benigno quien abrió la puerta a las misiones una vez más. ¡Ahora cada uno de los grupos de los que oraron se ocupan por esfuerzos misioneros a nivel nacional!

Cuando Jonathan Goforth planeó lanzar un nuevo trabajo en Honan, provincia de China, Hudson Taylor escribió estas palabras: «Hermano, si tú vas a ganar esa provincia, tienes que ir adelante con tus rodillas».[1] Su consejo todavía sigue firme hoy.

En los últimos años hemos visto a Dios destruir los poderíos anticristianos de la Unión Soviética, Rumanía y Albania. Si el pueblo de Dios enfoca sus oraciones hacia Mauritania, Moroco, Libia, Turquía o Arabia Saudita, lugares difíciles, ¿no podríamos esperar que Dios haga lo mismo?

La batalla espiritual rompe el control de las fuerzas de las tinieblas sobre pueblos, ciudades y naciones.

También hay eslabones que necesitan ser rotos si las misiones fronterizas van a ir adelante. Cadenas de tinieblas espirituales y de esclavitud enlazan a menudo a personas que no han sido alcanzadas a ciudades y países con principados y poderes quienes buscan el control de los asuntos de la humanidad. En el presente, en el mundo de las misiones, estamos experimentando un redescubrimiento de poder espiritual, que trae como resultado alcanzar al inconverso. De la misma manera en que Yahweh confrontó los dioses de Egipto o baales en el monte Carmelo, de la misma manera, hoy día, el tema todavía es uno del poderoso encuentro entre el verdadero Dios y los dioses falsos, esos seres espirituales quienes controlan segmentos de la humanidad.

El doctor C. Peter Wagner en un simposio de poder evangelístico en el Seminario de Fuller afirmó: «Satanás delega a miembros de alto rango de la jerarquía de espíritus malignos para controlar naciones, regiones, ciudades, tribus, pueblos, vecindades y otras significativas redes de trabajo sociales de seres humanos a través del mundo. Su gran tarea es la de impedir que Dios sea glorificado en su territorio y esto se lleva a cabo por medio de la actividad de demonios de menor rango».[2]

Efesios 6 indica que todos los cristianos están involucrados en una batalla invisible con los poderes de las tinieblas. ¿Cuánto más aquellos de nosotros que estamos involucrados en misiones fronterizas como son los misioneros, intercesores o pastores? Pablo dice que nuestra batalla o literalmente ·lucha· tiene que ser llevada por la oración en el Espíritu. Después de la espada del Espíritu que es la Palabra de Dios, la oración es única como arma ofensiva que está disponible para nosotros en esta batalla cósmica.

Obviamente, si vamos a obtener alcances misioneros en pueblos, ciudades y países, tenemos que aprender a usar el arma defensiva de la oración para desalojar los poderes de las tinieblas. Mientras que discutimos la acogida o la resistencia de las masas al evangelio de Cristo, el hermano Wagner saca esta implicación: ·Si la hipótesis concerniente a los espíritus territoriales está correcta y si podemos aprender cómo romper su control por medio del poder de Dios, las posiciones en el eje de la resistencia/receptividad pueden cambiar de la noche a la mañana·.[3]

Francis Frangipane escribió acerca de las fortalezas de poderes de las tinieblas que se mantienen sobre las masas, señalando trazos similares:

Hay fortalezas satánicas sobre ciudades y comunidades; hay fortalezas que influyen en las iglesias y en individuos[...] Estas fortalezas existen en los patrones de pensamientos e ideas que gobiernan al individuo[...] como también a comunidades y naciones. Antes de que se pueda clamar victoria, estas fortalezas deben ser derribadas y la armadura de Satanás eliminada. Entonces las poderosas armas de la Palabra y del Espíritu podrán efectivamente saquear la casa de Satanás.[4]

Estudios del sistema de las creencias de la gente pagana testifican de la realidad del cuadro representado en Efesios 6, el libro de Daniel y otros pasajes. Los burmeses creen en seres sobrenaturales llamados *NATS* colocados en orden jerárquico quienes tienen el control sobre el fenómeno natural, aldeas, regiones y naciones. Su conexión se mantiene por medio de brujas o médiums, al menos uno de estos se encuentran en cada aldea o pueblo.[5]

En Tailandia hay aldeas y espíritus regionales, siendo los seres de las aldeas suborbinados a los regionales. Muy a menudo se erigen pilares en las aldeas como una habitación para sus espíritus guardianes.[6] Una misionera de CMA dijo lo que ella y su trabajadora habían encontrado: «una vez que este pilar era colocado, se podía sentir la creciente opresión y la falta de receptividad espiritual». Un misionero de la OMF piensa que él ha identificado los principados nacionales que gobiernan a toda Tailandia.

En India se encuentra una cosmología similar involucrando a espíritus guardianes sobre las aldeas y otras regiones. A menudo son asociadas con enfermedades, muerte repentina y catástrofes.[7] Kali, la diosa de la destrucción, es una deidad regional conocida especialmente entre los habitantes del oeste de Bengala, en Calcuta. Cualquiera que haya visitado a Calcuta puede mirar la impactante devastación que Kali y su adoración han hecho sobre esa ciudad y su gente. Los trabajadores cristianos que viven en ese lugar se quejan de severa opresión y una seria desunión en las iglesias. Extrañamente ellos nunca se han reunido a orar por la ciudad y a tomar la ofensiva contra los poderes de las tinieblas.

Un libro sobre el país africano de Zimbabwe revela que cada región, ciudad o aldea está expuesta a caer en el control de espíritus territoriales.[8] Un líder en las Asambleas de Dios, en Nigeria, quien antes de convertirse fue un practicante de alto rango en lo oculto, dijo que Satanás le había asignado el control de doce espíritus, y estos a su vez, cada uno, con el control de seiscientos demonios. El testificó, «Yo estaba en contacto con todos los espíritus que controlaban cada pueblo en Nigeria y tenían un templo en todas las ciudades grandes».[9]

Recientemente en una reunión con un evangelista japonés bien conocido y varios misioneros del Japón, me sorprendí en descrubrir como los japoneses aún están atados al ocultismo. Podemos ser engañados con la alta y moderna tecnología de Japón y no darnos cuenta que un gran número de japoneses todavía visitan sus templos sintoístas y que cada niño en edad escolar carga un amuleto o que los sacerdotes son llamados a dedicar cada edificio nuevo. Estamos enfrentando un fenómeno peligroso en el oeste mientras que los cultos de la Nueva Era invocan «médiums» para comunicarse con seres espirituales, reestableciendo estos medios con los poderes de las tinieblas, que originalmente fueron rotos por la evangelización y la cristiandad de las sociedades del oeste.

El problema es que muchos de nosotros no nos damos cuenta que estamos en una guerra sin límites. Por lo tanto, no sentimos la necesidad de que la oración sea un arma estratégica. John Piper, un pastor en Minneapolis lo expone de esta manera.

El problema es que muchos cristianos no creen realmente que la vida es una guerra, y que nuestro enemigo invisible es poderoso. ¿Cómo entonces vas a hacer que ellos oren? Dicen que creen estas verdades, pero miremos sus vidas. Hay un tiempo de descuido en la iglesia acerca de las cosas espirituales. No hay bombas cayendo en nuestras vidas, no hay balas que pasen zumbando sobre nuestras cabezas, no hay minas que debamos evitar, no hay ruidos retumbantes en el horizonte; todo está bien en América, la «Disneylandia» del universo. Entonces ¿para qué orar?[10]

En Marcos 3.27, Jesús dijo algo que es especialmente relevante para la actividad de las misiones fronterizas: «*Pero nadie puede entrar en la casa de un hombre fuerte y saquear sus bienes, si primero no ata al fuerte y entonces podrá saquear su casa*». Esto afirma la razón por la cual nosotros como cristianos, no podemos entrar exitosamente y saquear lo que le ha pertenecido a Satanás por siglos, (porciones de humanidad bajo su dominio) sin atar a los espíritus territoriales a quienes se les ha delegado el control en esos lugares. La oración en el Espíritu, basada en hechos descubiertos, es una potente fuerza para atar al hombre fuerte que está sobre ciudades, pueblos y países. Una vez más el libro de John Dawson demuestra cómo la investigación puede descubrir eslabones en la comunidad con los poderes de las tinieblas y que la oración en la unidad del Espíritu puede romper ese eslabón.

En Mateo 18.18-19, Jesús da la seguridad asombrosa para los que oran de esta manera:

De cierto os digo, que todo lo que atéis en la tierra, estará atado en el cielo; y todo lo que desatéis en la tierra, estará desatado en el cielo. Otra vez os digo,

*que si dos de vosotros se ponen de acuerdo en la
tierra acerca de cualquier cosa que pidan, les será
hecho por mi Padre que está en los cielos.*

Efectivamente la batalla espiritual comienza cuando
oramos en unidad con otros. Esta enseñanza demuestra
la importancia de la oración en grupos de redes formadas
de personas que oran en convenio por ciertos pueblos,
ciudades o países en una forma profunda. Esto, me
parece, que traerá el adelanto.

La palabra griega para «atar» en estos versos significa
«encadenar o aprisionar». Las oraciones del pueblo de
Dios unido encadenarán y limitarán la actividad hostil
de los seres espirituales para la gloria del Señor y la
expansión de su Reino en la tierra. Como el apóstol
Pedro expresa: «Pues aunque andamos en la carne, no
militamos según la carne; porque las armas de nuestra
milicia no son carnales, sino poderosas en Dios para la
destrucción de fortalezas» (2 Corintios 10.3-4).

La experiencia del pastor Omar Cabrera, evangelista
en Argentina, subraya el poderoso armamento que es la
oración en el Espíritu para soportar el ámbito de lo
oculto. A través de los últimos años, él ha hecho un
hábito de ayunar y orar por un número de días antes de
la apertura de una campaña evangelística en la ciudad
que él está tratando de alcanzar. A menudo, durante esos
períodos de ayuno y oración, espíritus vienen en contra
de él apareciéndose en figuras grotescas, para luchar
contra su presencia y planes para evangelizar esa ciudad.
Muchas veces dicen: «Tú no tienes derecho a estar aquí.
Este es mi territorio». A lo que él contesta: «Al contrario,
tú eres quien no tienes derecho de estar aquí. Te ato en
la autoridad de Jesucristo, el que tiene toda la autoridad
en el cielo y en la tierra». Inmediatamente el espíritu se

va y con frecuencia un principado más alto viene contra Cabrera. De la misma manera, a través de la lucha en la oración, Cabrera rompe el yugo que muchas veces viene a ser un espíritu de brujería. Cuando el hombre fuerte está atado, el ánimo de la ciudad entera cambia. Con frecuencia, de resistencia hacia el evangelio a una gran receptividad, con cientos y miles viniendo a Cristo, acompañados por extraordinarias señales y maravillas, sanidad y milagros. Usando esta técnica de alcance, la iglesia de Cabrera ha crecido, pues de una congregación de no más de veinte ha llegado a ser pastor de una de las iglesias más grande del mundo, con más de ciento cuarenta mil miembros.

A pesar de lo fantástico o extraño que parezcan las experiencias de Cabrera para nosotros, haríamos bien en aplicar lo que él y otros cristianos están aprendiendo acerca de la batalla en la oración por el trabajo de las misiones fronterizas. Durante mis viajes que realizo para dirigir consultas y seminarios de estrategia misionera para los trabajadores nacionales cristianos, el tema de la batalla sobresale en cada ocasión. Estoy convencido que, aunque nos agotemos empleando muchas estrategias para evangelizar en lugares resistentes, no surtirá el menor efecto hasta que identifiquemos y atemos al hombre fuerte que domina el grupo que busquemos alcanzar. Mientras esto no ocurra no lograremos obtener la respuesta.

¿Podrá ser que las personas que hemos señalado como inalcanzables no lo son en realidad, sino que están en las garras de espíritus que son la fuerza de su resistencia? Arthur Matthews escribe acerca de su carga en interceder por dos áreas específicas del sureste de Asia donde a los misioneros les era imposible abrir un camino: «Así que afirmando mi posición con Cristo en los lugares celestiales sobre las bases de la Palabra de Dios, tomo y me pongo toda la armadura de Dios para poder soportar los engaños del diablo, y para resistir su oposición al evangelio». Él resistió hasta que las noticias de los dos lugares empezaron a cambiar: «El poder de resistencia en los dos lugares fue debilitado, haciendo posible la victoria para el Señor».[11]

Loren Cunningham, director general de «Juventud con una Misión», describió sus experiencias por la oración y ayuno de tres días con doce colaboradores en 1973. Mientras oraba, el Señor le reveló que deberían pedir por la caída del «príncipe de Grecia». El mismo día en Nueva Zelanda y Europa, los grupos JUCUM recibieron una palabra de Dios similar. Todos estos grupos obedecieron y vinieron en contra de esta potestad. En un término de veinticuatro horas, un movimiento político, cambió el gobierno de Grecia trayendo gran libertad para la actividad misionera en el país.[12]

Recientemente mientras que el hermano John Robb estaba en Senegal, dirigiendo un seminario, un líder misionero de las Asambleas de Dios le dijo que su denominación empezó a orar y ayunar para alcanzar a los musulmanes. Ahora están viendo la receptividad de las gentes y nuevas iglesias se están estableciendo entre ellos.

En junio de 1988 el pastor Marben Lagmay de Santa María, Ilocos Norte en las Islas Filipinas nos invitó a predicar por unas cruzadas de evangelismo en Pilar, provincia de Abra. Esta zona era conocida como una de las áreas controladas por los guerrilleros del Ejército Nacional del Pueblo (N.P.A.). En esta región nunca antes se había predicado el evangelio. Era una región casi inaccesible, pues había necesidad de llegar en vehículos de doble trasmisión por caminos subdesarrollados, cruzando a través de ríos, quebradas y caminos montañosos.

Dos días antes de comenzar la cruzada se desenlazó un violento tifón sobre el área. Causó una fuerte lluvia que imposibilitaba el acceso a este lugar. Los pastores locales se reunieron para interceder por un cambio de clima y el día de la cruzada partimos en medio de la lluvia. No más de diez minutos después de nuestra partida, los cielos se despejaron y comenzamos a ver el brillar del sol. Más esto era sólo el comienzo del conflicto. Una hora más tarde encontramos la carretera cerrada debido a un derrumbe. Nuevamente los pastores locales comenzaron a interceder y en menos de dos horas el Departamento de Carreteras había abierto paso, según el testimonio de muchos algo que normalmente hubiera tomado de uno a dos días.

Más adelante, después de entrar en caminos montañosos una de los «jeepneys» (vehículo de transportación) golpeó una roca la cual le rompió el diferencial. Los pastores locales nos pidieron que continuásemos en el otro vehículo y que ellos caminarían el resto del camino. Lo más importante para ellos era poder tener las cruzadas en esta área no alcanzada.

Mientras algunos empacaban los instrumentos musicales descendió un vehículo de las montañas y desmontaron más de diez individuos armados con pistolas, fusiles y ametralladoras y prontamente nos rodearon. Después de unos breves momentos de conversación en el idioma Ilocano se montaron en su vehículo y se fueron. El pastor Lagmay respondió a nuestras preguntas de curiosidad diciendo que les había dicho a los miembros guerrilleros que el evangelista Felipe Delgado era de México y yo de Colombia y que habíamos venido a traer el evangelio de paz a esta región ante lo cual parece que estos cambiaron su actitud y nos permitieron continuar. El resultado de tres días de cruzadas en Pilar, Abra, fue de más de trescientas almas para Cristo por lo cual uno de los pastores que había venido con nosotros decidió quedarse allí permanentemente y establecer una iglesia local en Pilar. Dos años más tarde me enteré que la iglesia crecía y que muchos de los guerrilleros habían entregado sus vidas para el servicio del Señor. Indudablemente todo esto fue posible porque las oraciones de aquellos filipinos habían abierto las puertas al evangelismo en esta región.

Del 23 al 26 de abril de 1991, el Dr. C. Peter Wagner y yo desarrollamos un ciclo de conferencias sobre la «Guerra Espiritual» en Bogotá, Colombia. Ello fue posible a través de la invitación de la Confederación Evangélica de Colombia y de la Asociación de Ministros del Evangelio. Durante la conferencia el cuerpo pastoral fue retado a unirse en oración para atar a los espíritus de violencia y error existentes sobre la nación y clamar para llevarla a Cristo. Hubo un verdadero derramamiento de amor y muchos pastores clamaron al Señor para romper maldiciones de previas generaciones y por el amor y la unidad en la iglesia.

El 25 de abril el periódico «El Tiempo» de Bogotá tenía en primera página un artículo titulado «Colombia no será más una nación católica». La constituyente había aprobado en el día anterior la libertad religiosa, la cual finalmente daba acceso a los cristianos a los medios masivos de comunicación y el reconocimiento de sus derechos civiles para sus creencias. El 26 de abril concluimos la conferencia orando por la paz, el fin de la violencia causada por el cartel de Medellín y un cese del narco-tráfico en esta nación. Aproximadamente un mes más tarde Larry Lea, el apóstol de la oración, tuvo una exitosa campaña de miles de personas clamando por la nación. Al poco tiempo Pablo Escobar Gaviria, cabecilla del cartel de Medellín y sus seguidores, se entregaron a las autoridades nacionales terminando un período de violencia y dando paso a una paz y avivamiento espiritual en la ciudad de Medellín. Indudablemente las oraciones del pueblo colombiano finalmente habían comenzado a derribar la cátedra de violencia sobre esta ciudad.

Y les dijo: Yo veía a Satanás caer del cielo como un rayo.

Lucas 10:18

Todo esto es solamente el comienzo de algo maravilloso que Dios tiene preparado para esta sufrida nación.

Recientemente los pastores de Santa Fe de Bogotá descuidaron su llamado a la unidad y permitieron la influencia de espíritus de acusación y división en sus filas, bajo el disfraz de diferencias políticas. Simultáneamente, Pablo Escobar Gaviria ha escapado de la prisión de Envigado y ha desenlazado una nueva ola de violencia y terror que tiene cautiva a la ciudadanía colombiana.

La oración de intercesión ha tenido gran impacto en Latinoamérica. La misma hoy día cuenta con presidentes, vice presidentes, senadores, congresistas y concejales en varios niveles. Son evangélicos y hombres de Dios con una visión de impactar y traer un cambio positivo en nuestras naciones hacia el evangelio.

NOTAS

1. Wesley Duewel, *Mighty Prevailing Prayer*, (Grand Rapids: Francis Asbury Press, 1990), p. 250.
2. C. Peter Wagner, *Territorial Spirits*, Academic Symposium on Power Evangelism, Fuller Seminar, December 13-15, 1988, pp. 3-4.
3. Ibid.
4. Francis Frangipane, *The Three Battlegrounds*, (Marion, Iowa, River of Life Ministries, 1989), p. 15, 21.
5. Melford Spiro, *Burmese Supernaturalism*.
6. S.J. Pambiah, *Buddhism and the Spirit Cults in Northeast Thailand*, 1970.
7. David Kinsley, *The Sword and the Flute*, 1975.
8. From a conversation with Jim Montgomery of DAWN [Amanecer] Ministries, 1605 Elizabeth Street, Pasadena CA, 91104.
9. Wagner, p. 4.
10. John Piper, *Prayer: The Power that Wields the Weapon*, Mission Frontiers, June-July, 1989, p. 15.
11. Duewel, p. 248.
12. Wagner, p. 10.

Capítulo 17

Las estrategias de la oración

El ser intercesor es ser imitador de Cristo. La Escritura nos enseña que Él vive para interceder por nosotros, está a la derecha de Dios intercediendo por nosotros. Como intercesor toda persona, ya sea hombre, mujer e incluso los jóvenes, está luchando por otros. Dick Eastman en su libro *El amor de rodillas* dice que la oración no es un arma de batalla sino que es la batalla misma, es el área de conflicto en la que atacamos al enemigo.

Todo intercesor reconoce que Satanás tiene una estrategia específica para atacar a los cristianos. Por lo cual debemos reconocer que si Satanás tiene un plan o una estrategia para luchar contra nosotros, entonces los creyentes también deben ser guiados por el Espíritu y la palabra de Dios, para preparar y desarrollar una estrategia de oración para la batalla.

Escucha, oh Jehová, mis palabras;
Considera mi lamento.
Está atento a la voz de mi clamor,
Rey mío y Dios mío, porque a ti oraré.
Oh Jehová, de mañana oirás mi voz;
De mañana me presentaré delante de ti, y esperaré.

Salmo 5.1-3

Confesaos vuestras ofensas unos a otros, y orad unos por otros, para que seáis sanados. La oración eficaz del justo tiene mucha fuerza.

Santiago 5.16

La expresión «*expondré* mi súplica» usa la palabra hebrea *arak*. En Jeremías 46.3 es traducida como *cíñanse la armadura y marchen a la batalla*. Es decir, tenemos que desarrollar un plan de ataque antes de lanzarnos al campo de batalla.

No hay nada en La Biblia que indique confusión y desorden, al contrario. Pablo nos exhorta a hacerlo todo decentemente y en orden.

> *Pero hágase todo decentemente y con orden.*
>
> 1 Corintios 14.40

¿Qué significa estrategia? Un plan de acción. La Palabra de Dios nos enseña tres fundamentos para una batalla victoriosa.

> *Sed sobrios, y velad; porque vuestro adversario el diablo, como león rugiente, anda alrededor buscando a quien devorar.*
>
> 1 Pedro 5.8

Dominio propio: Ser sobrios. Cuidarnos de las tentaciones contra la oración.

Estar alertas: Vigilantes. Sensitivos a escuchar la voz del Espíritu Santo y del hombre interno.

Resistir: Tomar una posición efectiva. Atacar al enemigo.

> *Someteos, pues, a Dios; resistid al diablo, y huirá de vosotros. Acercaos a Dios, y él se acercará a vosotros. Pecadores, limpiad las manos; y vosotros los de doble ánimo, purificad vuestros corazones.*
>
> Santiago 4.7-8

El reto de ceñirnos con la armadura y ser fuertes en el Señor nos llama a la guerra de oración.

> *Por lo demás, hermanos míos, robusteceos en el Señor, y en el vigor de su fuerza. Vestíos de toda la*

armadura de Dios, para que podáis estar firmes contra las artimañas del diablo. Porque no tenemos lucha contra sangre y carne, sino contra principados, contra potestades, contra los dominadores de este mundo de tinieblas, contra huestes espirituales de maldad en las regiones celestes. Por tanto, tomad toda la armadura de Dios, para que podáis resistir en el día malo, y habiendo cumplido todo, estar firmes. Estad, pues, firmes, ceñidos vuestros lomos con la verdad, y vestidos con la coraza de la justicia, y calzados los pies con el apresto del evangelio de la paz. Sobre todo, embrazando el escudo de la fe, con que podáis apagar todos los dardos de fuego del maligno. Y tomad el yelmo de la salvación, y la espada del Espíritu, que es la palabra de Dios; orando en todo tiempo con toda deprecación y súplica en el Espíritu, y velando en ello con toda perseverancia y súplica por todos los santos.

Efesios 6.10-18

1) Oren en todo tiempo
2) En el Espíritu
3) Con toda oración y petición
4) Alerta
5) Perseverantes en oración por *todos* los santos.

Capítulo 18

El plan de resistencia:
La guerra de intercesión

Humillaos, pues, bajo la poderosa mano de Dios, para que él os exalte a su tiempo; echando toda vuestra ansiedad sobre él, porque él tiene cuidado de vosotros. Sed sobrios, y velad; porque vuestro adversario el diablo, como león rugiente, anda alrededor buscando a quien devorar; al cual resistid firmes en la fe, sabiendo que los mismos padecimientos se van cumpliendo en vuestros hermanos en todo el mundo. Mas el Dios de toda gracia, que nos llamó a su gloria eterna en Jesucristo, después que hayáis padecido un poco de tiempo, él mismo os perfeccione, afiance, fortalezca y establezca.

1 Pedro 5.6-10

Someteos, pues, a Dios; resistid al diablo, y huirá de vosotros.

Santiago 4.7

Entonces les dijo: Se levantará nación contra nación, y reino contra reino; y habrá grandes terremotos en diferentes lugares, hambres y pestilencias; y habrá terror y grandes señales del cielo. Pero antes de todas estas cosas os echarán mano, os perseguirán, y os entregarán a las sinagogas y a las cárceles, y seréis llevados ante reyes y ante gobernadores por causa de mi nombre. Y esto os será ocasión para dar

testimonio. Proponed en vuestros corazones no pre-
parar de antemano vuestra defensa; porque yo os
daré palabras y sabiduría, a la cual no podrán
contradecir ni resistir todos los que se os opongan.
Pero seréis entregados aun por vuestros padres, y
hermanos, y parientes, y amigos, y matarán a algu-
nos de vosotros; y seréis aborrecidos por todos a
causa de mi nombre. Pero ni un cabello de vuestra
cabeza perecerá. Con vuestra paciencia ganaréis
vuestras almas.

Lucas 21.10-19

Dios está levantando un ejército de creyentes con el propósito de unirlos en fe, amor e intercesión. Para así derribar fortalezas, destruir las obras del enemigo, atar al hombre fuerte, despojarle de lo que ha robado y ver las profecías que Dios nos ha dado y que han de realizarse en la iglesia.

Este mandamiento, hijo Timoteo, te encargo, para
que conforme a las profecías que se hicieron antes
en cuanto a ti, pelees por ellas la buena batalla,
manteniendo la fe y buena conciencia, desechando
la cual naufragaron en cuanto a la fe algunos.

1 Timoteo 1.18-19

Pelea la buena batalla de la fe, echa mano de la
vida eterna, a la cual asimismo fuiste llamado, y de
la que hiciste buena profesión delante de muchos
testigos.

1 Timoteo 6.12

Las cosas que suceden en el ámbito natural son una reflexión y el resultado de lo que ocurre en el ámbito espiritual.

Porque las cosas invisibles de él, su eterno poder y divinidad, se hacen claramente visibles desde la creación del mundo, siendo entendidas por medio de las cosas hechas, de modo que no tienen excusa.

Romanos 1.20

Primeramente necesitamos:

1) Reconocer los espíritus territoriales.

En el año tercero de Ciro, rey de Persia, fue revelada palabra a Daniel, llamado Beltsasar; y la palabra era verdadera, y el conflicto grande; él prestó atención a la palabra, y tuvo inteligencia en la visión.

En aquellos días yo Daniel estuve en duelo por espacio de tres semanas. No comí manjar delicado, ni entró en mi boca carne ni vino, ni me ungí con ungüento, hasta que se cumplieron las tres semanas. Y el día veinticuatro del primer mes estaba yo a la orilla del gran río Jidekel. Y alcé mis ojos y miré, y vi un varón vestido de lino, y ceñidos sus lomos de oro de Ufaz. Su cuerpo era como de crisólito, y su rostro parecía un relámpago, y sus ojos como antorchas de fuego, y sus brazos y sus pies como de color de bronce bruñido, y el sonido de sus palabras como el estruendo de una multitud.

Y sólo yo, Daniel, vi aquella visión, y no la vieron los hombres que estaban conmigo, sino que se apoderó de ellos un gran terror, y huyeron a esconderse. Quedé, pues, solo, y vi esta gran visión, y no quedó fuerza en mí; se demudó el color de mi rostro hasta quedar desfigurado, y perdí todo mi vigor. Pero oí el sonido de sus palabras; y al oír el sonido de sus palabras, caí desvanecido, con mi rostro en tierra.

Y he aquí una mano me tocó, e hizo que me pusiese sobre mis rodillas y sobre las palmas de mis manos. Y me dijo: Daniel, varón muy amado, está atento a las palabras que te hablaré, y ponte en pie; porque he sido enviado ahora a ti. Al hablarme así, me puse en pie temblando.

Entonces me dijo: Daniel, no temas; porque desde el primer día en que aplicaste tu corazón a entender y a humillarte en la presencia de tu Dios, fueron oídas tus palabras; y a causa de tus palabras yo he venido. Mas el príncipe del reino de Persia se me opuso durante veintiún días; pero he aquí que Miguel, uno de los principales príncipes, vino para ayudarme, y quedé allí con los reyes de Persia. He venido para hacerte saber lo que ha de venir a tu pueblo en los postreros días; porque la visión es para esos días.

Mientras me decía estas palabras, estaba yo con los ojos puestos en tierra, y enmudecido. Pero he aquí, uno con semejanza de hijo de hombre tocó mis labios. Entonces abrí la boca y hablé, y dije al que estaba delante de mí: Señor mío, con la visión me han sobrevenido angustias, y no me queda fuerza. ¿Cómo, pues, podrá el siervo de mi señor hablar con mi señor? Porque al instante me faltó la fuerza, y no me quedó aliento. Y aquel que tenía semejanza de hombre me tocó otra vez, y me fortaleció, y me dijo: Muy amado, no temas; la paz sea contigo, ten valor y ánimo. Y en cuanto él me habló, recobré las fuerzas, y dije: Hable mi señor, porque me has fortalecido. Él me dijo: ¿Sabes por qué he venido a ti? Pues ahora tengo que volver para pelear contra el príncipe de Persia; y al terminar con él, el príncipe de Grecia vendrá. Pero yo te declararé lo que está escrito en el libro de la verdad; y ninguno me ayuda contra ellos, sino Miguel, vuestro príncipe.

Daniel 10

2) Discernir las *puertas* de la ciudad (hay puertas de luz y puertas de oscuridad).

Y yo también te digo, que tú eres Pedro, y sobre esta roca edificaré mi iglesia; y las puertas del Hades no prevalecerán contra ella.

Mateo 16.18

Y tuvo miedo, y dijo: ¡Cuán terrible es este lugar! No es otra cosa que casa de Dios, y puerta del cielo.

Génesis 28.17

Y los tuyos edificarán las ruinas antiguas; los cimientos de muchas generaciones levantarás, y serás llamado reparador de portillos, restaurador de calzadas para poblados.

Isaías 58.12

Cuando el hombre fuerte armado guarda su pa-lacio, en paz está lo que posee. Pero cuando viene otro más fuerte que él y le vence, le quita todas sus armas en que había confiado y reparte el botín.

Lucas 11.21-22

3) Reconocer el pecado corporal. Es decir, asumir responsabilidad por el pecado de nuestro pueblo, nuestras naciones y nuestra congregación como si fuese nuestro propio pecado.

Y dije: Te ruego, oh Jehová, Dios de los cielos, fuerte, grande y temible, el que guarda el pacto y la misericordia a los que le aman y guardan sus mandamientos; esté ahora atento tu oído y abiertos tus ojos

*para oír la oración de tu siervo, que hago ahora
delante de ti día y noche, por los hijos de Israel tus
siervos; y confieso los pecados de los hijos de Israel
que hemos cometido contra ti; sí, yo y la casa de mi
padre hemos pecado. En extremo nos hemos corrom-
pido contra ti, y no hemos guardado los mandamientos, estatutos y preceptos que diste a Moisés tu
siervo.*

Nehemías 1.5-7

*Y volví mi rostro al Señor Dios, buscándole en
oración y ruego, en ayuno, cilicio y ceniza. Y oré a
Jehová, mi Dios, y le hice esta confesión: ¡Ah, Señor,
Dios grande, digno de ser temido, que guardas el
pacto y la misericordia con los que te aman y
guardan tus mandamientos! Hemos pecado, hemos
cometido iniquidad, hemos obrado perversamente,
hemos sido rebeldes, y nos hemos apartado de tus
mandamientos y de tus ordenanzas. No hemos obe-
decido a tus siervos los profetas, que en tu nombre
hablaron a nuestros reyes, a nuestros príncipes, a
nuestros padres y a todo el pueblo de la tierra. A ti
Señor, la justicia, y a nosotros la vergüenza en el
rostro, como en el día de hoy lleva todo hombre de
Judá, los moradores de Jerusalén, y todo Israel, los
de cerca y los de lejos, en todas las tierras donde los
has echado a causa de las rebeliones con que se
rebelaron contra ti. Oh Jehová, a nosotros, la vergüenza en el rostro, a nuestros reyes, a nuestros
príncipes y a nuestros padres; porque contra ti pecamos. Al Señor, nuestro Dios, el tener compasión y
el perdonar, aunque contra él nos hemos rebelado,
y no obedecimos a la voz de Jehová nuestro Dios,*

para andar en sus leyes que él puso delante de nosotros por medio de sus siervos los profetas.

Todo Israel traspasó tu ley, apartándose para no obedecer tu voz; por lo cual ha caído sobre nosotros la maldición y el juramento que está escrito en la ley de Moisés, siervo de Dios; porque contra él pecamos. Y él ha cumplido la palabra que habló contra nosotros y contra nuestros jefes que nos gobernaron, trayendo sobre nosotros tan grande mal: pues nunca fue hecho debajo del cielo nada semejante a lo que se ha hecho contra Jerusalén. Conforme está escrito en la ley de Moisés, todo este mal vino sobre nosotros; y no hemos implorado el favor de Jehová nuestro Dios, para convertirnos de nuestras maldades y prestar atención a tu verdad. Por tanto, Jehová veló sobre este mal y lo ha hecho venir sobre nosotros; porque es justo Jehová nuestro Dios en todas las obras que ha hecho, pero nosotros no hemos hecho caso de su voz.

Ahora pues, Señor Dios nuestro, que sacaste tu pueblo de la tierra de Egipto con mano poderosa, y con ello te granjeaste un renombre que perdura hasta hoy; hemos pecado, hemos obrado impíamente. Oh Señor, conforme a todos tus actos de justicia, apártese ahora tu ira y tu furor de sobre tu ciudad Jerusalén, tu santo monte; porque a causa de nuestros pecados, y por la maldad de nuestros padres, Jerusalén y tu pueblo son el oprobio de todos los que nos rodean.

Ahora pues, Dios nuestro, escucha la oración de tu siervo, y sus ruegos; y haz que tu rostro resplandezca sobre tu santuario asolado, por amor a ti mismo, oh Señor. Inclina, oh Dios mío, tu oído, y escucha; abre tus ojos, y mira nuestras ruinas, y la ciudad sobre la cual es invocado tu nombre; porque no elevamos nuestros ruegos ante ti confiados en nuestras justicias, sino en tus grandes misericordias. ¡Señor, escucha! ¡Señor, perdona! ¡Señor, presta atención, y actúa! ¡No tardes más, por amor de ti mismo, Dios mío! Porque tu nombre es invocado sobre tu ciudad y sobre tu pueblo.

Aún estaba yo hablando y orando, y confesando mi pecado y el pecado de mi pueblo Israel, y derramaba mi ruego delante de Jehová mi Dios, por el monte santo de mi Dios.

Daniel 9.3-20

Y cuando Abigail vio a David, se bajó prontamente del asno, y postrándose sobre su rostro delante de David, se inclinó a tierra; y se echó a sus pies, y dijo: Señor mío, sobre mí sea el pecado; mas te ruego que permitas que tu sierva hable a tus oídos, y escucha las palabras de tu sierva.

1 Samuel 25.23-24

Y yo te ruego que perdones a tu sierva esta ofensa; pues Jehová de cierto hará casa estable a mi señor, por cuanto mi señor pelea las batallas de Jehová, y ningún mal te sobrevendrá en todos tus días.

1 Samuel 25.28

4) Reconocer las maldiciones y cómo romperlas.

He aquí os doy potestad de hollar serpientes y escorpiones, y sobre todo poder del enemigo, y nada os dañará.

Lucas 10.19

5) Aprender a orar e interceder de acuerdo a la Palabra de Dios. Cuando tratamos de manipular a Dios a través de nuestras oraciones estamos operando en brujería (ocultismo), porque la manipulación y el control son el fundamento del reino de las tinieblas. Por ejemplo: «Dios, haz que este hombre se case conmigo», «Dios, remueve y llévate a esta persona de la iglesia», etc.

¿Cuál es la diferencia entre la oración y la intercesión? Toda intercesión es oración, pero no toda oración es intercesión. En intercesión oramos por otros, lo cual significa que te conviertes en escudo de protección para ellos contra los ataques del enemigo por lo cual el enemigo puede contraatacarte a ti. La intercesión incluye el derribar las fortalezas que el enemigo ha edificado, destruir las obras del enemigo destruyendo y derribando espíritus territoriales (i.e. idolatría, orgullo, ocultismo, inmoralidad) y trayendo victoria al Reino de Dios. La intercesión muchas veces se manifiesta en lágrimas, dolores, risa, gritos y otras formas.

En la mayoría de las ocasiones estas fortalezas no son destruidas por varias razones, entre ellas:

1) Los intercesores no han orado específicamente y en unidad contra las potestades que se encuentran detrás de éstas. Sus oraciones se han desparramado en vez de pegar en el blanco, a veces causan daño y debilitan estos principados y potestades pero no los destruyen y se mantienen en control. Si no hay unanimidad en la oración para pedir perdón y remitir los pecados, que le han dado autoridad y derecho a los demonios para operar, entonces pronto vuelven con poder y mucho más fuertes.

2) Muchas veces ganamos batallas pero perdemos la guerra porque no batallamos hasta el final. Es decir

dejamos las cosas a medias y permitimos que el enemigo se recupere y fortalezca nuevamente.

Jeremías 23.29 dice: «¿No es mi palabra como fuego (devorador), dice Jehová, y como martillo que hace pedazos la roca?» En múltiples ocasiones el golpe del martillo debilita, pero con el continuo y constante golpe se hace pedazos la fortaleza. Es decir la intercesión debe continuar hasta que hayamos visto no un triunfo sobre el enemigo sino la destrucción total de su poder sobre la fortaleza.

Entonces, el plan de resistencia requiere:

1) Reconocer al enemigo.
2) Discernimiento de espíritus.
3) Planear la estrategia.
4) Atacar fortalezas hasta destruirlas totalmente.

Mira que te he puesto en este día sobre naciones y sobre reinos, para arrancar y para destruir, y para arruinar y para derribar; para edificar y para plantar.

Jeremías 1.10

Capítulo 19

Destruye fortalezas con el ayuno

Cuando Jesús entró en casa, le preguntaban sus discípulos en privado: ¿Por qué no pudimos expulsarlo nosotros? Él les dijo: Esta clase no puede salir con nada sino con oración [y ayuno].

Marcos 9.28-29

Cuando estamos intercediendo y batallando en contra de los poderes de las tinieblas muchas veces es necesario reforzar nuestra oración con ayuno. El ayuno da poder sobrenatural, un empuje adicional a nuestras oraciones e intercesiones y los dos están profundamente relacionados. La intercesión es el negarnos a nosotros mismos para enfocar nuestra oración por otros. El ayuno es el negar a nuestra carne para enfatizar nuestra oración dándole más poder. Al orar y ayunar conjuntamente entramos en el más alto nivel de oración.

El ayuno es la práctica deliberada para voluntariamente abstenernos de la nutrición usual de comida o bebida. Cuando ayunamos nos humillamos ante Dios y esto permite una gran sensibilidad para las cosas de Dios y un quebrantamiento a la carne. David nos dice en el Salmo 69.10a: «Lloré afligiendo con ayuno mi alma». La nueva versión inglesa dice: «Quebrantaba mi espíritu con ayuno».

Primeramente, el ayuno es un quebrantamiento a la carne y al espíritu del hombre. Esto nos debe alentar para evitar el orgullo espiritual y fariseísmo que Jesús llamó hipocresía.

Cuando ayunéis, no pongáis cara triste como los hipócritas; porque ellos desfiguran sus rostros para mostrar a los hombres que ayunan; de cierto os digo que ya están recibiendo su recompensa. Pero tú, cuando ayunes, unge tu cabeza y lava tu rostro, para no mostrar a los hombres que ayunas, sino a tu Padre que está en lo secreto; y tu Padre que ve en lo secreto, te recompensará en público.

Mateo 6.16-18

Segundo: El ayuno es un compromiso ante Dios de tener dominio propio (templanza) sobre las pasiones por la comida y el apetito. Es decir el mortificar o dar muerte a lo impuro y excesivo. En el Salmo 35 el salmista dice que se estaba mortificando con ayuno y oración, orando por sus enemigos con todo el corazón.

A esto se refiere Pablo en 1 Corintios cuando dice que trata su cuerpo con rigor para que aprenda a hacer lo que debe y no lo que quiere (9.27).

Tercero: El ayuno aumenta nuestra sensibilidad espiritual para oír la voz del Espíritu Santo.

Mientras estaban éstos celebrando el culto del Señor, y ayunando, dijo el Espíritu Santo: Apartadme a Bernabé y a Saulo para lo obra a que los he llamado. Entonces, habiendo ayunado y orado, les impusieron las manos y los despidieron.

Hechos 13.2-3

Notemos que el versículo dos dice *adorando* y *ayunando;* el versículo tres nos dice: «después de ayunar y orar *un poco más*». Esto demuestra que la adoración es un tipo de oración. Los discípulos veían el valor del ayuno para escuchar a Dios.

Y publiqué ayuno allí junto al río Ahavá, para afligirnos delante de nuestro Dios, para solicitar de él un feliz viaje para nosotros, y para nuestros niños, y para todos nuestros bienes. Porque tuve vergüenza de pedir al rey tropa y gente de a caballo que nos defendiesen del enemigo en el camino; porque habíamos hablado al rey, diciendo: La mano de nuestro Dios es para bien sobre todos los que le buscan; mas su poder y su furor contra todos los que le abandonan. Ayunamos, pues, y pedimos a nuestro Dios sobre esto, y él nos fue propicio.

Esdras 8.21-23

El ayuno y la oración traen la protección de Dios. «Ayunamos, pues, y rogamos a Dios (oración) que cuidara de nosotros y Él lo hizo».

Fortaleciendo los ánimos de los discípulos, exhortándoles a que permaneciesen en la fe, y diciéndoles: Es menester que pasemos por muchas tribulaciones para entrar en el reino de Dios. Les designaron ancianos en cada iglesia, y habiendo orado con ayunos, los encomendaron al Señor en quien habían creído.

Hechos 14.22-23

Cuarto: El ayuno nos llena del poder del Espíritu Santo. La Biblia nos dice en Lucas 4 que, «Jesús regresó a Galilea *lleno del poder* del Espíritu Santo». Él pasó cuarenta días sin comer. Este ayuno de Jesucristo fue de alimento sólido y no de bebidas, o de agua. Jesucristo fue llevado al desierto con el poder interno de Dios pero salió apoderado por la manifestación del Espíritu Santo. Fue durante este ayuno que Satanás tentó al Señor con «toda tentación», mas no tuvo éxito, sino que se alejó para esperar otra oportunidad.

¿Cómo debemos ayunar para disfrutar de este privilegio ante el Señor?

Primeramente: Con *sabiduría*. Aunque la Biblia habla de ayunos prolongados y extensos de tres, siete, veintiún y cuarenta días, frecuentemente nos revela, por ejemplo, ayunos de menos de veinticuatro horas.

> *¿Por qué, dicen, ayunamos, y no hiciste caso; humillamos nuestras almas, y no te diste por enterado? He aquí que en el día de vuestro ayuno buscáis vuestro propio gusto, y explotáis a todos vuestros trabajadores. He aquí que para contiendas y debates ayunáis, y para dar de puñetazos al desvalido; no ayunéis como hoy, para que vuestra voz sea oída en lo alto. ¿Es tal el ayuno que yo escogí, que por un día aflija el hombre su alma, que incline su cabeza como un junco, y haga cama de cilicio y de ceniza? ¿Llamaréis a esto ayuno, y día agradable a Jehová? ¿No es más bien el ayuno que yo escogí, desatar las cadenas de maldad, soltar las coyundas del yugo, y dejar ir libres a los quebrantados, y que rompáis todo yugo? ¿No es que partas tu pan al hambriento, y a los pobres errantes albergues en tu casa; que cuando veas al desnudo, lo cubras, y no te escondas de tu hermano? Entonces brotará tu luz como el alba, y tu curación se echará de ver rápidamente; e irá tu justicia delante de ti, y la gloria de Jehová será tu retaguardia. Entonces invocarás, y te oirá Jehová; clamarás, y dirá él: Heme aquí. Si quitas de en*

medio de ti el yugo, el dedo amenazador, y el hablar maldad.

Isaías 58.3-9

Veamos lo que dice el hermano Kenneth Hagin en su libro *El cristiano intercesor*:

«Llevé a cabo un avivamiento en cierta iglesia de un pastor que conocía, amaba y respetaba. Las personas de dicha iglesia eran maravillosas, amaban a su pastor, me amaban a mí y eran receptivas a la predicación de la Palabra. Pero este era el lugar más difícil en el que había predicado en toda mi vida. Cada palabra parecía golpear las paredes y volverse hacia mí, como una pelota.

«Con el correr del tiempo, mientras estaba ocupado en reuniones, se me llamó otra vez a predicar a aquella iglesia. Era la misma gente, pero había una marcada diferencia en el ambiente. La diferencia era como de la noche al día.

«Después del culto, la esposa del pastor me preguntó si podía notar alguna diferencia en la iglesia:

«No hay comparación» le contesté. «Había mucha libertad esta noche, mientras que antes el ambiente parecía cargado, apretado, muerto espiritualmente. ¿Qué ha sucedido?

«"Había estado aquí durante varios meses", dijo el pastor. "Finalmente decidí que estaba cansado de aquel espíritu muerto. Determiné que iba a romperlo. Me dispuse a ayunar y a orar a ese respecto.

«"Al séptimo día de aquel ayuno, mientras estaba en oración, tuve una visión, y delante de mis ojos vi el techo por encima del púlpito desaparecer. Sentado arriba, en una viga del techo, había un espíritu que se parecía a un gran mono o a un mandril. Dios me estaba mostrando que había un poder espiritual por encima del ámbito natural que estaba resistiendo cualquier progreso espiritual.

•"Le hablé al espíritu y le ordené que bajara. Él no dijo palabra, pero yo podía ver que no quería bajar. De mala gana, bajó. Entonces yo dije: 'No sólo debes bajar de allí, sino que debes salir de aquí', y le señalé el pasillo de la iglesia. El empezó a encaminarse al pasillo, y yo le seguí. El caminaba unos pocos pasos y se volvía, casi como un perrito, con una expresión que decía, '¿Tengo que irme? ¿Puedo volver?'

•"Cuando él se paraba, yo le decía: 'No, vete de aquí', y le seguí hasta la puerta de la iglesia. Allí se paró otra vez, pero continué ordenándole que se fuera y por fin se fue calle abajo y desapareció en un club de noche"•.

Capítulo 20

El poder de la alabanza y la adoración

Las armas de nuestra batalla

Pues aunque andamos en la carne, no militamos según la carne; porque las armas de nuestra milicia no son carnales, sino poderosas en Dios para la destrucción de fortalezas.

2 Corintios 10.3-4

Primeramente debemos aclarar que alabamos a Dios por sus obras y lo adoramos por quien es Él, por su carácter, su gloria. Puede decirse que alabar es dar honra, dar gloria, magnificar. Adorar significa literalmente dar besos (*pros-kuneo*) y se usa en un acto de homenaje, reverencia y veneración. La adoración es el reconocimiento de DIOS, su naturaleza, sus atributos y no solamente se refiere a cantar o dar gracias, sino que también adoramos a Dios con acciones de reconocimiento.

Tus manos me hicieron y me formaron; Hazme entender, y aprenderé tus mandamientos.

Salmo 119.73

Todos los llamados de mi nombre; a los que para gloria mía he creado, los formé y los hice.

Isaías 43.7

Este pueblo que he creado para mí; a fin de que publique mis alabanzas.

Isaías 43.21

Dios hizo al hombre para que fuera una creación que alabara. Está dentro de la naturaleza de TODA persona el alabar y adorar. Entonces, el hombre no decide si ha de adorar y alabar, sino qué es lo que alabará y adorará.

Dios demanda de sus hijos, llamados por sus nombres, la alabanza total y solamente para ÉL. El hombre ha escogido alabar su trabajo, su familia, sus posesiones materiales, sus riquezas, su apariencia, pero hay un gran principio en la Palabra que dice que el Hombre sirve o es siervo de lo que adora.

De nuevo le llevó el diablo a un monte muy alto, y le mostró todos los reinos del mundo y la gloria de ellos, y le dijo: Todo esto te daré, si postrado me adoras. Entonces Jesús le dijo: Vete, Satanás, porque está escrito: Al Señor tu Dios adorarás, y a él sólo servirás.

Mateo 4.8-10

Adoración y servicio van juntos, no pueden separarse uno del otro.

Pero llega la hora, y ahora es, cuando los verdaderos adoradores adorarán al Padre en espíritu y en verdad; porque también el Padre busca tales adoradores que le adoren. Dios es Espíritu; y los que le adoran, es necesario que le adoren en espíritu y en verdad.

Juan 4.23-24

«En espíritu y en verdad» significa: que le adoremos con el espíritu refiriéndose a lo más profundo de nuestro ser. Y en verdad significa: que sea con absoluta honestidad y transparencia con Dios sin esconderle nada. Como doble referencia puede ser dicho: Adorándole con el lenguaje espiritual y en verdad. Confesándolo, cantando y proclamando la Palabra de Dios la cual es realmente la verdad.

El Salmo 100.4 nos dice: «Entrad por sus puertas con acción de gracias, por sus atrios con *alabanza[...]*» Isaías 60.18b dice: «Sino a tus muros llamarás Salvación y a tus puertas *Alabanza*».

Cuando comenzamos a alabar abrimos la puerta para entrar ante las cortes y atrios que liberan la mano de Dios para producir bendición y milagros. La adoración nos lleva ante la misma presencia del Altísimo, al lugar santísimo, derramándose la gloria de Dios para traer victoria, sanidad y libertad (liberación). David reconocía la dimensión espiritual y sabía cómo batallar contra el enemigo. El sabía dónde se encontraba la clave para la lucha. Si derrotó a Goliat, no fue por su fuerza ni habilidad, sino porque estaba alabando y glorificando al Señor.

¡Oh Jehová, Señor nuestro, cuán glorioso es tu nombre en toda la tierra! Has puesto tu gloria sobre los cielos; Por boca de los niños y de los que maman, afirmas tu fortaleza frente a tus adversarios, para hacer callar al enemigo y al rebelde.

Salmo 8.1-2

Has establecido fortaleza

Pero los principales sacerdotes y los escribas, viendo las maravillas que hacía, y a los muchachos que gritaban en el templo, diciendo: ¡Hosanna al Hijo de David!, se indignaron, y le dijeron: ¿Oyes lo que éstos dicen? Y Jesús les dijo: Sí; ¿nunca leísteis: De la

boca de los pequeños y de los niños de pecho, te
preparaste perfecta alabanza?

Mateo 21.15-16

Has preparado alabanza

Alabanza y fortaleza son sinónimos ante Dios. Por eso
dice la Escritura que: «el gozo (la alegría , la alabanza)
de Jehová es vuestra fuerza» (Nehemías 8.10).

Notemos lo que Jesucristo dice de la boca. La boca es
el instrumento para usar nuestras armas de batalla.
Apocalipsis 16.13 dice que de la boca del dragón, de la
boca de la bestia y de la boca del falso profeta salían
espíritus demoníacos para la batalla. De igual manera las
armas de Dios se usan por medio de la boca, primeramente, proclamando, alabando, gritando, declarando,
confesando, etc.

El Salmo 106.47 dice: «Sálvanos, Jehová Dios nuestro...
para que alabemos tu santo nombre, para que nos
gloriemos en tus alabanzas».

El triunfo viene en la alabanza. Hay una diferencia
entre triunfo y victoria. Victoria es la derrota del enemigo.
Triunfo es la celebración de la victoria ya obtenida. Pablo
dice que gracias a Dios en Cristo siempre nos lleva en
triunfo: «Pero gracias a Dios, quien siempre nos lleva en
triunfo en Cristo Jesús, y por medio de nosotros manifiesta en todo lugar el olor de su conocimiento»
(2 Corintios 2.14). Cuando ofrecemos alabanza podemos
ver la manifestación del poder de Dios, la salvación de
Dios.

Temible en alabanzas

¿Quién como tú, oh Jehová, entre los dioses? ¿Quién
como tú, magnífico en santidad, terrible en mara-

villosas hazañas, hacedor de prodigios? Extendiste
tu diestra; La tierra los tragó.

Éxodo 15.11-12

• Josué obtuvo victoria en Jericó cuando el pueblo alabó a Dios con gritos de alabanza y sonido de trompetas y las paredes cayeron en derrota.

• David derrotó a Goliat porque declaraba alabanza al Señor.

• Josafat vio la victoria de Jehová porque el pueblo comenzó a alabar y entonar cánticos de adoración y alabanza y el *Señor puso emboscadas* a los ejércitos enemigos.

• Pablo y Silas fueron liberados de las cadenas y de la prisión porque oraban y cantaban alabanzas a Dios. Dice la Palabra que se produjo un gran terremoto y al instante se abrieron todas las puertas y las cadenas se soltaron.

Éstos son los que David puso sobre el servicio de
canto en la casa de Jehová, después que el arca tuvo
reposo, los cuales servían delante de la tienda del
tabernáculo de reunión en el canto, hasta que Sa-
lomón edificó la casa de Jehová en Jerusalén; des-
pués estuvieron en su ministerio según su cos-
tumbre.

1 Crónicas 6.31-32

También había cantores, jefes de familias de los
levitas, los cuales moraban en las cámaras del tem-
plo, exentos de otros servicios, porque de día y de
noche estaban en su ministerio musical.

1 Crónicas 9.33

Los cantores eran parte permanente del servicio del templo y en el tabernáculo. Los ministros de música trabajaban permanentemente y recibían salario y diezmos del pueblo. Esto indica la importancia que tiene la música en nuestras celebraciones. No es para calentarnos, no es para pasar el tiempo, no es para esperar a los que llegan tarde, no es para demostrar talentos, ni siquiera es para evangelizar, es para alabar y adorar a Dios.

Los ejércitos del mundo marchan a la batalla con música. El ejército de Dios debe hacerlo aún más. Es imposible enfatizar que mientras más nos encontremos en medio de batallas MÁS debemos cantar y alabar al Señor con voces e instrumentos. LA MÚSICA es el medio de la expresión de la iglesia hacia su *amado* como una serenata que derrama el favor y la bendición del Señor, con cánticos de liberación: «Tú eres mi refugio, me guardarás de la angustia; con cánticos de liberación me rodearás» (Salmo 32.7). Dios quiere romper cadenas con cantos de liberación derribar muros, traer sanidad: «Yo soy Dios tu sanador».

El ejercitar la alabanza mantiene nuestro enfoque en la dirección correcta. Necesitamos entender la perspectiva bíblica del poder que es liberado sobre el enemigo a través de la alabanza, especialmente en los cánticos.

Y cuando comenzaron a entonar cantos de alabanza, Jehová puso contra los hijos de Amón de Moab y del monte de Seír, las emboscadas de ellos mismos que venían contra Judá, y se mataron los unos a los otros.

2 Crónicas 20.22

Regocíjense los santos por su gloria, y canten aun sobre sus camas. Haya alabanzas a Dios en sus gargantas, y espadas de dos filos en sus manos, para ejecutar venganza entre las naciones, y castigo entre los pueblos paganos; para aprisionar a sus reyes con argollas, y a sus nobles con cadenas de hierro; para ejecutar en ellos el juicio decretado; un honor será esto para todos sus santos. Aleluya.

Salmo 149.5-9

«La alabanza contiene el poder de neutralizar la fuerza del ataque maligno sobre el pueblo de Dios, porque donde quiera que el espíritu de alabanza vive, Dios es enaltecido y coronado y ni carne ni demonio puede llevar a cabo sus propósitos». Jack Hayford en *Worship His Majesty*.

Capítulo 21

El poder del nombre de Jesús

Pues aunque andamos en la carne, no militamos según la carne; porque las armas de nuestra milicia no son carnales, sino poderosas en Dios para la destrucción de fortalezas...

2 Corintios 10.3-4

Nuestras armas no son humanas sino los poderes divinos para derribar y destruir fortalezas.

Así dice Jehová: Guardad la equidad, y practicad la justicia; porque mi salvación está a punto de llegar; y mi justicia de manifestarse.

Isaías 56.1

Yo les daré lugar en mi casa, y dentro de mis muros un monumento y un nombre mejor que el de hijos e hijas; nombre perpetuo les daré, que nunca perecerá. Y a los extranjeros que sigan a Jehová para servirle, y que amen el nombre de Jehová para ser sus siervos; a todos los que guarden el sábado sin profanarlo, y se mantengan firmes en mi pacto, yo los llevaré a mi santo monte y los alegraré en mi casa de oración; sus holocaustos y sus sacrificios serán aceptos sobre mi altar; porque mi casa será llamada casa de oración para todos los pueblos.

Isaías 56.5-7

El libro de Hebreos nos dice que Jesucristo fue tanto superior a los ángeles por cuanto *heredó más excelente nombre* que ellos. Hay tres formas de heredar un nombre o de usar un nombre:

1. por nacimiento (la iglesia)
2. por adopción (Israel)
3. por poder (un poder oficial que autoriza el nombre y la firma de una persona para otra).

¿Qué valor o qué poder o significado lleva el uso de un nombre? Pues eso depende de la autoridad que este nombre representa:

¿Hay pues, poder en el nombre de Jesús?

Por lo cual Dios también le exaltó hasta lo sumo, y le otorgó el nombre que es sobre todo nombre, para que en el nombre de Jesús se doble toda rodilla de los que están en los cielos, en la tierra, y debajo de la tierra; y toda lengua confiese que Jesucristo es SEÑOR, para la gloria de Dios Padre.

Filipenses 2.9-11

Dios le otorgó un nombre que es sobre todo nombre. Un nombre que lleva autoridad sobre todas las cosas visibles e invisibles.

Y estas señales acompañarán a los que crean: En mi nombre expulsarán demonios, hablarán en nuevas lenguas, tomarán serpientes en sus manos, y si beben algo mortífero, no les hará ningún daño, impondrán las manos sobre los enfermos, y sanarán.

Marcos 16.17-18

En el nombre de Jesús hay autoridad sobre demonios, enfermedades, sobre todo poder, potestad o principado, sobre todas las cosas visibles e invisibles. Al nacer en la familia de Dios nuestra salvación comienza por la autoridad y poder de su nombre: «Y en ningún otro hay salvación; porque no hay otro nombre bajo el cielo, dado a los hombres, en que podamos ser salvos• (Hechos 4.12).

La palabra salvación (*soteria*) denota liberación espiritual, preservación, liberación material, liberación emocional. Se traduce también *libertad, salud*. El nombre de Jesús nos ha sido dado por la gracia de Dios para ofrecer salvación a todos los hombres. El nombre de Jesús (griego) es lo mismo que *Josué* (hebreo, Jehoshua) y significa *Jehová* o *Yavé* es Salvador, o sea: Josué es Salvador.

> *Y poniéndoles en medio, les preguntaban: ¿Con qué clase de poder, o en qué nombre, habéis hecho vosotros esto?*
>
> Hechos 4.7

¿Con qué poder o autoridad, en qué nombre o en nombre de quién?

> *De cierto, de cierto os digo: El que cree en mí, las obras que yo hago, también él las hará; y aún hará mayores que éstas, porque yo voy al Padre. Y cualquier cosa que pidáis al Padre en mi nombre, la haré, para que el Padre sea glorificado en el Hijo. Si me pedís algo en mi nombre, yo lo haré.*
>
> Juan 14.12-14

> *En aquel día no me preguntaréis nada. De cierto, de cierto os digo, que todo cuanto pidáis al Padre en mi nombre, os lo dará. Hasta ahora, nada habéis pedido en mi nombre; pedid, y recibiréis, para que vuestro gozo esté completo.*
>
> Juan 16.23-24

> *Porque la palabra de Dios es viva y eficaz, y más cortante que toda espada de dos filos; y penetra hasta*

la división del alma y del espíritu, de las coyunturas y de los tuétanos, y discierne los pensamientos y las intenciones del corazón.

Hebreos 4.12

• El nombre de Jehová es salvación. El nombre de Jesús tiene autoridad.

• El nombre Rockefeller lleva significado de autoridad en el mundo de las finanzas.

• El nombre Reagan, tiene autoridad en el mundo de la política.

Y en lo de ahora, Señor, fíjate en sus amenazas, y concede a tus siervos que con todo denuedo hablen tu palabra, mientras extiendes tu mano para que se hagan sanidades y señales y prodigios mediante el nombre de tu santo Siervo Jesús. Cuando acabaron de orar, el lugar en que estaban congregados tembló; y todos fueron llenos del Espíritu Santo, y hablaban con denuedo la palabra de Dios.

Hechos 4.29-31

El nombre de Jesús hace que los infiernos tiemblen. Al clamar por el nombre de Jesús estamos clamando por todos los recursos celestiales.

Aconteció que mientras íbamos a la oración, nos salió al encuentro una muchacha que tenía espíritu de adivinación, la cual daba gran ganancia a sus amos, adivinando. Ésta, siguiendo a Pablo y a nosotros, gritaba, diciendo: Estos hombres son siervos del Dios Altísimo, quienes os anuncian un camino de salvación. Y esto lo hacía por muchos días; Pablo, cansado ya de esto, se volvió y dijo al espíritu: Te

mando en el nombre de Jesucristo, que salgas de ella.
Y salió en aquel mismo momento.

Hechos 16.16-18

El nombre del Verbo viviente es el sello o la firma que autoriza en el ámbito espiritual a que el Verbo escrito se manifieste en el ámbito natural. Al declarar las promesas de Dios, al pedirle al Padre en el nombre de Jesús tenemos acceso inmediato a los recursos celestiales.

Cuando pasaban de camino, muy de mañana, vieron que la higuera se había secado desde las raíces. Entonces Pedro, acordándose, le dice: Rabí, mira, la higuera que maldijiste se ha secado. Respondiendo Jesús, les dice: Tened fe en Dios. En verdad os digo que cualquiera que le diga a este monte: Sé quitado de ahí y arrojado al mar; y no dude en su corazón, sino que crea que lo que está hablando sucede, lo tendrá. Por eso os digo que todo cuanto rogáis y pedís, creed que lo estáis recibiendo, y lo tendréis. Y siempre que os pongáis de pie a orar, perdonad, si tenéis algo contra alguien, para que también vuestro Padre, el que está en los cielos, os perdone vuestras transgresiones. [Pero si vosotros no perdonáis, tampoco vuestro Padre, el que está en los cielos, perdonará vuestras transgresiones.].

Marcos 11.20-26

Y por la fe en su nombre, a éste, que vosotros veis y conocéis, le ha consolidado su nombre; y la fe que es por medio de él ha dado a éste esta completa sanidad en presencia de todos vosotros.

Hechos 3.16

El nombre de Jesús nos fue dado como arma de Dios. Nos da autoridad.

Pablo, llamado a ser apóstol de Jesucristo por la voluntad de Dios, y el hermano Sóstenes, a la iglesia de Dios que está en Corinto, a los santificados en Cristo Jesús, llamados a ser santos con todos los que en cualquier lugar invocan el nombre de nuestro Señor Jesucristo, Señor de ellos y nuestro: Gracia y paz a vosotros, de parte de Dios nuestro Padre y del Señor Jesucristo.

1 Corintios 1.1-3

El nombre de Jesús tenía un gran significado para la iglesia primitiva. Era parte de su ministerio. Ahora la educación secular no quiere ni siquiera, que se mencione el nombre de Jesús en las escuelas. Cualquier nombre, Mohamed, Buddha, el Papa, Krishna, etc., puede ser nombrado, mas cuando se nombra la Biblia, cristiano o Jesús, todas las alarmas y persecuciones comienzan. ¿Por qué? Porque Satanás y sus potestades temen el nombre del Señor. Hechos 9.16 dice que padeceremos por su Nombre. Mateo 10.22 dice que seremos odiados por causa de su Nombre.

Mateo 24 habla sobre las señales que indican la venida del Señor. Una de las señales de su venida nos lo dice Mateo 24.9: «Entonces os entregarán a tribulación y os matarán y seréis aborrecidos de todas las gentes por causa de mi nombre».

Hay tanto poder y autoridad en el nombre de Jesús que todas las armas del infierno están siendo lanzadas contra aquellos que confiesan, creen y usan el nombre de Jesús.

Vienen muchos miles en contra del nombre de Jesús de Nazaret. Cuando somos vituperados (reprobados, censurados) por el nombre de Cristo, debemos ser dichosos porque el Espíritu de gloria y de Dios reposa sobre nosotros. Más hay poder en el nombre de Jesús, hay autoridad en el nombre de Jesús.

Al usar el nombre de Jesús en la batalla tienes que saber que Dios le ha dado autoridad sobre todo otro nombre. El nombre de Jesús nos abre las puertas del ámbito espiritual. Cuando oramos y usamos el nombre de Jesús, de acuerdo a las Escrituras, de acuerdo a la voluntad de Dios, con inteligencia y sabiduría es como si Jesucristo mismo estuviera orando.

No hay poder, fuerza, potestad o autoridad en los cielos en la tierra o en los infiernos que pueda impedir a Dios confirmar su palabra: «Y cualquier cosa que pidáis al Padre en mi nombre, la haré, para que el Padre sea glorificado en el Hijo» (Juan 14.13).

Dios respalda el nombre de Jesús con su integridad y con su omnipotencia. Todo lo cual está a la disposición de todo aquel que invoque el nombre del Señor. Satanás no se atreve a enfrentarse al soldado que está vestido con la justicia de Dios y que conoce, reconoce y usa el poder de ese grandioso Nombre.

«Toda potestad me es dada, id pues en mi nombre» (La Gran Comisión).

El poder no está en largas oraciones o en el ayuno. El poder está en aprender a usar las armas de Dios de acuerdo a la palabra de Dios, en el poder del Espíritu Santo y esto hace temblar al enemigo.

Juan le dijo: Maestro, vimos a uno que estaba expulsando demonios en tu nombre, pero él no nos sigue, y tratábamos de impedírselo, porque no nos seguía. Pero Jesús dijo: No se lo impidáis, porque no hay nadie que haga un milagro en mi nombre, y que pueda a continuación hablar mal de mí.

Marcos 9.38-39

Pero a todos los que le recibieron, a los que creen en su nombre, les dio potestad de ser hechos hijos de Dios.

Juan 1.12

Mientras estaba en Jerusalén en la fiesta de la pascua, muchos creyeron en su nombre, al ver las señales que hacía.

Juan 2.23

El que cree en él, no es condenado; pero el que no cree, ya ha sido condenado, porque no ha creído en el nombre del unigénito Hijo de Dios.

Juan 3.18

En ti confiarán los que conocen tu nombre, por cuanto tú, oh Jehová, no desamparas a los que te buscan.

Salmo 9.10

¡Cuán glorioso es el nombre del Señor en toda la tierra! Invoquen el nombre del Señor, porque todo el que invoca el nombre del Señor será salvo.

Capítulo 22

El ministerio de los ángeles

Y, ¿a cuál de los ángeles dijo Dios jamás: Siéntate a mi diestra, hasta que ponga a tus enemigos por estrado de tus pies? ¿No son todos espíritus ministradores, enviados para servicio a favor de los que van a heredar la salvación?.

Hebreos 1.13-14

Para poder entrar en la batalla nos es necesario ser equipados y entrenados con las armas necesarias. Debemos poseer la estrategia y la madurez necesarias para sobrevivir a los ataques del enemigo. La batalla ya ha comenzado y el ejército de Dios tiene que saber las armas que tiene a su disposición para enfrentar al enemigo.

Pues aunque andamos en la carne, no militamos según la carne; porque las armas de nuestra milicia no son carnales, sino poderosas en Dios para la destrucción de fortalezas.

2 Corintios 10.3-4

Una versión dice: «pues aunque somos humanos, no es con el poder humano con el cual batallamos, nuestras armas no son humanas sino potencias divinas para derribar y destruir fortalezas».

Dios, habiendo hablado muchas veces y de muchas maneras en otro tiempo a los padres por los profetas, en estos últimos días nos ha hablado en el Hijo, a quien designó heredero de todo, por medio del cual hizo también el universo; el cual, siendo el resplandor de su gloria, y la fiel representación de su ser real, y el que sostiene todas las cosas con la palabra de su poder, habiendo efectuado la purificación de nuestros pecados por medio de sí mismo, se sentó a la diestra de la Majestad en las alturas, hecho tanto superior a los ángeles, cuanto heredó más excelente nombre que ellos. Porque ¿a cuál de los ángeles dijo Dios jamás: Mi Hijo eres tú, Yo te he engendrado hoy, y otra vez: Yo seré a él Padre, Y él me será a mí hijo? Y otra vez, cuando introduce al Primogénito en el mundo, dice: Adórenle todos los ángeles de Dios. Ciertamente de los ángeles dice: El que hace a sus ángeles espíritus, y a sus ministros llama de fuego.

Hebreos 1.1-7

Por tanto, debemos prestar mayor atención a las cosas que hemos oído, no sea que marchemos a la deriva. Porque si la palabra dicha por medio de ángeles fue firme, y toda transgresión y desobediencia recibió justa retribución, ¿cómo escaparemos nosotros, si descuidamos una salvación tan grande? La cual, habiendo comenzado a ser anunciada por medio del Señor, nos fue confirmada por los que oyeron, testificando Dios juntamente con ellos, tanto con señales como con prodigios y diversos milagros y dones distribuidos por el Espíritu Santo según su voluntad.

Hebreos 2.1-4

Entonces, consideremos y prestemos atención a estas verdades. Permitamos que penetren en nuestros corazones porque estamos en este momento ante la presencia de muchos ángeles.

Precisamente los ángeles son mensajeros de Dios, el término griego «ángelus» significa, mensajeros o emisarios de Dios. Seres espirituales que batallan por Dios y sus hijos. No visten siempre de blanco, no tienen alas, ni son afeminados como vemos en obras de arte y pinturas sobre los ángeles, al contrario estos seres guardan y representan los intereses de Dios. En Apocalipsis 5.11 leemos que el número de ángeles es de millares de millares. Job 38.7 dice que los ángeles gritaban de gozo cuando Dios creó los cielos y la tierra.

Los ángeles se manifiestan en forma de hombres como sucedió en Sodoma y Gomorra cuando fueron a avisar a Lot y su familia que venía la destrucción y era necesario huir.

Por lo cual, al ser llamado, vine sin replicar. Así que preguntó: ¿Por qué causa me habéis hecho venir? Entonces Cornelio dijo: Hace cuatro días que a esta hora yo estaba en ayunas; a la hora novena, mientras oraba en mi casa, vi que se puso delante de mí un varón con vestiduras resplandecientes, y dijo: Cornelio, tu oración ha sido escuchada, y tus limosnas han sido recordadas delante de Dios. Envía, pues, a Jope, y haz venir a Simón el que tiene por sobrenombre Pedro, el cual se hospeda en casa de Simón, un curtidor, junto al mar; y cuando llegue, él te hablará. Así que luego envié por ti; y tú has hecho bien venir. Ahora, pues, todos nosotros estamos aquí en la presencia de Dios, para oír todo lo que Dios te ha ordenado. Entonces Pedro, abriendo la boca, dijo: En verdad comprendo que Dios no hace acepción de personas, sino que en toda nación, el que le teme y practica lo que es justo, le es acepto.

Hechos 10.29-35

Permanezca el amor fraternal. No os olvidéis de la hospitalidad, porque por ella algunos, sin saberlo, hospedaron ángeles.

Hebreos 13.1-2

En el libro *Reconquista de tu ciudad*, John Dawson tiene un capítulo titulado, «Todo acerca de los ángeles», en el cual detalladamente explica este ministerio y las numerosas escrituras bíblicas.

Se habla de ellos en término masculino pero no se casan ni se reproducen. Son un ejército o compañía y no una raza. Entre los ángeles hay aquellos que representan diferentes funciones y posiciones de autoridad. Incluyen tronos, dominios o poderes o autoridades, serafines, querubines, arcángeles y ángeles de la guarda. En Mateo 18.10 nos dice de los niños que sus ángeles en los cielos contemplan siempre el rostro de nuestro Padre celestial. Los ángeles celebran. Según Lucas 15.7, «hay gozo en la presencia de los ángeles de Dios por un pecador que se arrepiente» (Véase Lucas 15.7).

A los ángeles se les comisiona para ejecutar el juicio divino sobre personas, ciudades y naciones.

Cuando haces a Dios una promesa no tardes en cumplirla; porque él no se complace en los insensatos. Cumple lo que prometes. Mejor es que no prometas, y no que prometas y no cumplas. No dejes que tu boca te haga pecar, ni digas delante del ángel, que fue inadvertencia. ¿Por qué harás que Dios se enoje a causa de tu voz, y que destruya la obra de tus manos?.

Eclesiastés 5.4-6

Y el pueblo aclamaba gritando: ¡Voz de Dios, y no de hombre! Al momento un ángel del Señor le hirió, por cuanto no dio la gloria a Dios; y expiró comido de gusanos.

Hechos 12.22-23

Pleitea, oh Jehová, con los que contra mí contienden; Pelea contra los que me combaten. Embraza el escudo y la coraza, y levántate en mi ayuda. Blande la lanza, cierra contra mis perseguidores; Di a mi alma: Yo soy tu salvación. Sean avergonzados y confundidos los que buscan mi vida; retrocedan y sean afrentados los que mi mal intentan. Sean como el tamo delante del viento, cuando el ángel de Jehová los acose. Sea su camino tenebroso y resbaladizo, y el ángel de Jehová los persiga. Porque sin causa me tendieron una trampa; sin causa cavaron hoyo para mi alma. Sobre cada uno de ellos caiga de improviso la ruina, lo prenda la misma red que escondió, y su fosa se hunda.

Salmo 35.1-8

A los veinticuatro días del mes undécimo, que es el mes de Sebat, en el año segundo de Darío, vino palabra de Jehová al profeta Zacarías, hijo de Berequías, hijo de Iddó, en estos términos: Tuve una visión esta noche, y he aquí que un varón cabalgaba sobre un caballo alazán, el cual estaba entre los mirtos que había en la hondonada; y detrás de él había caballos alazanes, negros y blancos. Entonces dije: ¿Qué son éstos, señor mío? Y me dijo el ángel que hablaba conmigo: Yo te enseñaré los que son éstos.

Zacarías 1.7-9

Y Jehová respondió buenas palabras, palabras consoladoras, al ángel que hablaba conmigo. Y me dijo el ángel que hablaba conmigo: Clama diciendo:

Así dice Jehová de los ejércitos: Estoy celoso con gran celo por Jerusalén y por Sion.

Zacarías 1.13-14

Los ángeles no deben ser adorados pues son nuestros consiervos y la adoración es para Dios solamente.

Y me dijo: Estas palabras son fieles y verdaderas. Y el Señor, el Dios de los espíritus de los profetas, ha enviado su ángel, para mostrar a sus siervos las cosas que deben suceder pronto. ¡He aquí, vengo pronto! Dichoso el que guarda las palabras de la profecía de este libro. Yo Juan soy el que oyó y vio estas cosas. Y después que las oí y las vi, me postré para adorar ante los pies del ángel que me mostraba estas cosas. Pero él me dijo: Mira, no lo hagas; porque yo soy consiervo tuyo, de tus hermanos los profetas, y de los que guardan las palabras de este libro. Adora a Dios.

Apocalipsis 22.6-9

Yo me postré a sus pies para adorarle. Y él me dijo: Mira, no lo hagas; soy consiervo tuyo, y de tus hermanos que poseen el testimonio de Jesús. Adora a Dios; porque el testimonio de Jesús es el espíritu de la profecía.

Apocalipsis 19.10

Nadie os prive de vuestro premio, afectando humildad y culto a los ángeles, entremetiéndose en lo que no ha visto, vanamente hinchado por su propia mente carnal.

Colosenses 2.18

La Palabra dice que nosotros hemos de juzgar a los ángeles. Pablo nos exhorta diciendo que si aun un ángel del cielo anuncia otro evangelio contrario al que nos ha sido dado, este será maldito.

Entonces me dijo: Daniel, no temas; porque desde el primer día en que aplicaste tu corazón a entender y a humillarte en la presencia de tu Dios, fueron oídas tus palabras; y a causa de tus palabras yo he venido. Mas el príncipe del reino de Persia se me opuso durante veintiún días; pero he aquí que Miguel, uno de los principales príncipes, vino para ayudarme, y quedé allí con los reyes de Persia.

Daniel 10.12,13

Los ángeles y los cristianos son aliados en el conflicto en el cual batallamos contra Satanás. A través de nuestras oraciones de intercesión los ángeles son enviados inmediatamente, para asistirnos en las peticiones que hacemos al Señor.

EL CONFLICTO

Capítulo 23

Áreas vulnerables
en la batalla espiritual

Sed sobrios y velad; porque vuestro adversario el diablo, como león rugiente, anda alrededor buscando a quien devorar...

1 Pedro 5.8

Nuestro adversario (enemigo, contrario) el diablo busca a quién y cómo devorar. Busca áreas de vulnerabilidad, áreas en las que somos débiles o propensos para sufrir daño o lesión.

Cinco áreas en las cuales el enemigo obra para causar daños en la familia inmediata (el hogar):

1. En las relaciones entre hermanos o familiares inmediatos:

Y aconteció andando el tiempo, que Caín trajo del fruto de la tierra una ofrenda a Jehová. Y Abel trajo también de los primogénitos de sus ovejas, de lo más gordo de ellas. Y miró Jehová con agrado a Abel y a su ofrenda; pero no miró con agrado a Caín y a la ofrenda suya. Y se ensañó Caín en gran manera, y decayó su semblante. Entonces Jehová dijo a Caín: ¿Por qué te has ensañado, por qué ha decaído tu semblante? Si bien hicieres, ¿no serás enaltecido?, y si no hicieres bien, el pecado está a la puerta; con todo esto, a ti será su deseo, y tú te enseñorearás de él. Y dijo Caín a su hermano Abel: Salgamos al

campo. Y aconteció que estando ellos en el campo,
Caín se levantó contra su hermano Abel, y lo mató.

Génesis 4.3-8

Los celos, la envidia y el espíritu de acusación son las
grandes armas de la división. Cuando el enemigo logra
usar este espíritu de acusación para traer discordia,
división, y hasta dudas de nuestros líderes o hermanos
podemos estar seguros de que no proviene de Dios. El
no es el autor de la confusión sino de la paz. Satanás
puede usar vehículos santos para impedir el plan de
Dios.

Al llegar Jesús a la región de Cesarea de Filipo,
preguntó a sus discípulos, diciendo: ¿Quién dicen
los hombres que es el Hijo del Hombre? Ellos dijeron:
Unos, que Juan el Bautista, otros, que Elías; y otros,
que Jeremías, o alguno de los profetas. Él les dijo: Y
vosotros, ¿quién decís que soy yo? Respondiendo
Simón Pedro, dijo: Tú eres el Cristo, el Hijo del Dios
viviente. Entonces le respondió Jesús: Bienaventura-
do eres, Simón, hijo de Jonás, porque no te lo reveló
carne ni sangre, sino mi Padre que está en los cielos.
Y yo también te digo, que tú eres Pedro, y sobre esta
roca edificaré mi iglesia; y las puertas del Hades no
prevalecerán contra ella.

Mateo 16.13-18

Entonces Pedro, tomándolo aparte, comenzó a
reconvenirle, diciendo: Señor, no lo permita Dios;
en ninguna manera te suceda esto. Pero él, volvién-
dose, dijo a Pedro: ¡Quítate de delante de mí, Sata-
nás!; me eres tropiezo, porque tus sentimientos no
son los de Dios, sino los de los hombres.

Mateo 16.22-23

El espíritu de acusación o el de calumnia ha causado ofensas, desánimo, división y demás cosas. Nótese que en su mayoría las acusaciones son para personas que de alguna forma u otra tienen o representan alguna fase del liderazgo. Es por eso que necesitamos tener mejores relaciones personales y reprender todo espíritu de acusación y criticismo. Parar de inmediato a Satanás, el cual es llamado el acusador y el calumniador de nuestros hermanos.

Y oí una gran voz en el cielo, que decía: Ahora ha venido la salvación, el poder, y el reino de nuestro Dios, y la autoridad de su Cristo; porque ha sido lanzado fuera el acusador de nuestros hermanos, el que los acusaba delante de nuestro Dios día y noche.

Apocalipsis 12.10

En el hogar se manifiestan dichos espíritus. Los mismos incitan a que existan acusaciones y calumnias, por lo que traen grandes ofensas entre cónyuges, hijos, padres, etc.

De una misma boca proceden bendición y maldición. Hermanos míos, esto no debe ser así.

Santiago 3.10

2. Finanzas. En esta área, muy delicada y sensitiva, tenemos que ser muy cuidadosos y muy sabios para evitar la manipulación y el abuso de la caridad bajo el pretexto de necesidades. Tenemos que tener gran sensibilidad por aquellos que están en necesidad y orar, enseñar, aconsejar, y suplir en cuanto les sea necesario.

Y si un hermano o una hermana están desnudos, y tienen necesidad del sustento diario, y alguno de vosotros les dice: Id en paz, calentaos y saciaos, pero no les dais las cosas que son necesarias para el cuerpo, ¿de qué sirve?

Santiago 2.15-16

Debemos afirmarnos uno al otro en el amor de Dios.

3. **Familia.** Tenemos que luchar constantemente por todos los miembros de nuestro hogar en oración, apoyo, disciplina, afirmación, etc. Debemos luchar además en contra de las acusaciones del enemigo para causar daños en el matrimonio. Por ejemplo, el esposo que golpea violentamente a su esposa o a sus hijos.

Entonces, por las partes bajas del lugar, detrás del muro, y en los sitios abiertos, puse al pueblo por familias, con sus espadas, con sus lanzas y con sus arcos. Después miré, y me levanté y dije a los nobles y a los oficiales, y al resto del pueblo: No temáis delante de ellos; acordaos del Señor, grande y temible, y pelead por vuestros hermanos, por vuestros hijos y por vuestras hijas, por vuestras mujeres y por vuestras casas.

Nehemías 4.13-14

4. **Salud.** Una de las armas más engañadoras que el enemigo usa son las enfermedades y los accidentes. Un accidente pequeño causó ofensas entre dos familias las cuales se imprecaron mutuamente, por una parte por ignorancia de la Palabra de Dios, debido a su reciente conversión y la otra por falta de madurez en el área del amor. Los que somos fuertes debemos soportar las flaquezas de los débiles y no agradarnos a nosotros mismos (Romanos 15.1: «Así que, los que somos fuertes debemos soportar las flaquezas de los débiles, y no agradarnos a nosotros mismos»). Muchos pueden recitar de memoria el capítulo 13 de Corintios, pero en realidad, ¿hasta qué punto lo ponemos en práctica?

*El amor es paciente, es servicial; el amor no tiene
envidia, el amor no es jactancioso, no se engríe; no
hace nada indecoroso, no busca su propio interés,
no se irrita, no toma en cuenta el mal; no se goza
de la injusticia, mas se goza de la verdad.Todo lo
excusa, todo lo cree, todo lo espera, todo lo soporta.*

1 Corintios 13.4-7

El sacerdote del hogar debe orar con su familia. Para
con la oración atar al hombre fuerte cuando este trae
enfermedades, y síntomas de malestar en la casa. Los
hijos deben orar por sus padres, y los padres hacerlo por
sus hijos.

5. Visión. Es absolutamente necesario que el pueblo
se someta a la visión de su líder, siempre y cuando esta
no contradiga o se oponga a la Palabra de Dios.

*¿Andarán dos juntos, si antes no se han puesto de
acuerdo?*

Amós 3.3

Donde no hay visión el pueblo perece. Otra versión
dice: «Sin visión el pueblo se desenfrena».

*Sin profecía el pueblo se desenfrena; mas el que
guarda la ley es dichoso.*

Proverbios 29.18

Dios le da la visión a un individuo y este guía al pueblo
en dicha visión: Moisés y el pueblo judío, David e Israel,
etc. Dios me ha dado una gran visión para nuestra
congregación:

1) Alcanzar a hispanos de primera y segunda generaciones por medio de la adoración, alabanza, predicación
y enseñanza de las buenas nuevas.

2) Ser un centro de recursos para otros, localmente y
en Latinoamérica.

Si Satanás puede oscurecer, nublar, obstaculizar nuestra visión, entonces, como dice Proverbios, el pueblo se *desenfrena*. Corre por todos lados sin ningún control, un caballo desbocado no tiene frenos, un pueblo que no tiene control se desenfrena. Dios edifica cuando el pueblo tiene ánimo para trabajar.

En Judá también estuvo la mano de Dios para darles un solo corazón para cumplir el mensaje del rey y de los príncipes, conforme a la palabra de Jehová. Y se reunió en Jerusalén mucha gente para celebrar la fiesta solemne de los panes sin levadura en el mes segundo, una asamblea muy grande.

2 Crónicas 30.12,13

¡Mirad cuán bueno y cuán delicioso es
habitar los hermanos juntos en armonía!
Es como el buen óleo sobre la cabeza,
el cual desciende sobre la barba,
la barba de Aarón,
y baja hasta el borde de sus vestiduras;
como el rocío de Hermón,
que desciende sobre las alturas de Sión;
porque allí envía Jehová bendición,
y vida para siempre.

Salmo 133

La batalla no es nuestra; es del Señor. En medio de la multitud de problemas y ataques en todas estas áreas tenemos la promesa de Dios de que la guerra, la batalla, la lucha, no son nuestras sino de Dios.

¡Oh Dios nuestro!, ¿no los juzgarás tú? Porque en nosotros no hay fuerza contra tan gran multitud que viene contra nosotros; no sabemos qué hacer, y a ti volvemos nuestros ojos. Y todo Judá estaba en pie

delante de Jehová, con sus niños y sus mujeres y sus hijos. Estaba allí Jahaziel hijo de Zacarías, hijo de Benaías, hijo de Jeiel, hijo de Matanías, levita de los hijos de Asaf; sobre él vino el Espíritu de Jehová en medio de la asamblea, y dijo: Oíd, Judá todo, y vosotros moradores de Jerusalén, y tú, rey Josafat.

Jehová os dice así: No temáis ni os amedrentéis delante de esta multitud tan grande, porque no es vuestra la guerra, sino de Dios. Bajad mañana contra ellos; he aquí que ellos subirán por la cuesta de Sis, y los hallaréis junto al arroyo, antes del desierto de Jeruel. No tendréis que pelear vosotros en este caso; paraos, estad quietos, y ved la salvación de Jehová con vosotros. Oh Judá y Jerusalén, no temáis ni desmayéis; salid mañana contra ellos, porque Jehová estará con vosotros.

2 Crónicas 20.12-17

Porque los hijos de Amón y Moab se levantaron contra los de monte de Seír para matarlos y destruirlos; y cuando hubieron acabado con los del monte Seír, cada cual ayudó a la destrucción de su compañero.

2 Crónicas 20.23

Capítulo 24

Descubre las estrategias para nuestras ciudades

Dios contesta las oraciones levantando a la gente. Si tú no oras por tu pastor y los líderes de tu iglesia vas a tenerlos con necesidad de oración.

Y dijo: Yo soy el Dios de tu padre, Dios de Abraham, Dios de Isaac y Dios de Jacob, entonces Moisés cubrió su rostro, porque tuvo miedo de mirar a Dios. Dijo luego Jehová: Bien he visto la aflicción de mi pueblo que está en Egipto, y he oído el clamor que le arrancan sus opresores; pues he conocido sus angustias, y he descendido para librarlos de mano de los egipcios, y sacarlos de aquella tierra a una tierra buena y ancha, a tierra que fluye leche y miel, a los lugares del cananeo, del heteo, del amorreo, del ferezeo, del heveo y del jebuseo. El clamor, pues, de los hijos de Israel ha venido delante de mí, y también he visto la opresión con que los egipcios los oprimen. Ven, por tanto, ahora, y te enviaré a Faraón, para que saques de Egipto a mi pueblo, los hijos de Israel. Entonces Moisés respondió a Dios: ¿Quién soy yo para que vaya a Faraón, y saque de Egipto a los hijos de Israel? Y él respondió: Ve, porque yo estaré contigo; y esto te será por señal de que yo te he enviado: cuando hayas sacado de Egipto al pueblo, serviréis a Dios sobre este monte .

Éxodo 3.6-12

La oración no significa traer una lista de necesidades pero es una manifestación del corazón de Dios para el mundo como se revela en el lamento de nuestros corazones.

1. El pueblo clama ante el Señor.

2. Él los escucha.

3. Él levanta gente para guiarle y salvarle (de la esclavitud y de la opresión).

La liberación vendrá de Sión.

Y subirán salvadores al monte de Sión para juzgar al monte de Esaú; y el reino será de Jehová.

Abdías 21

Usualmente ellos no se sienten calificados pero la unción los liberará y vendrá de en medio de vosotros.

Entonces clamaron los hijos de Israel a Jehová; y Jehová levantó un libertador a los hijos de Israel y los libró; esto es, a Otoniel hijo de Cenez, hermano menor de Caleb.

Jueces 3.9

Cuando el pueblo clama ante el Señor, el Espíritu del Señor viene.

Y clamaron los hijos de Israel a Jehová; y Jehová les levantó un libertador, a Eúd hijo de Gerá, benjaminita, el cual era zurdo. Y los hijos de Israel enviaron con él un presente a Eglón rey de Moab.

Jueces 3.15

El pueblo clama y Dios los libera.

Entonces los hijos de Israel clamaron a Jehová, porque aquél tenía novecientos carros herrados, y había oprimido con crueldad a los hijos de Israel por veinte años.

Jueces 4.3

Dios contesta las oraciones mandando una unción que rompe las cadenas.

De este modo se empobrecía Israel en gran manera por causa de Madián; y los hijos de Israel clamaron a Jehová. Y cuando los hijos de Israel clamaron a Jehová, a causa de los madianitas, Jehová envió a los hijos de Israel un varón profeta, el cual les dijo: Así ha dicho Jehová Dios de Israel: Yo os hice salir de Egipto, y os saqué de la casa de servidumbre.

Jueces 6.6-8

Clama al Señor, enseña al pueblo a clamar al Señor. Siente el dolor de la ciudad, reconoce que tenemos un sumo sacerdote que se identifica con nosotros (que es sensitivo).

Hay una unción profética que viene con la intercesión y los profetas no se comprometerán con el pecado. Prefieren morir en lugar de comprometerse con el pecado. No somos llamados a vivir en temor.

Y vino el Ángel de Jehová, y se sentó debajo de la encina que está en Ofrá, la cual era de Joás abiezerita; y su hijo Gedeón estaba sacudiendo el trigo en el lagar, para esconderlo de los madianitas. Y el ángel de Jehová se le apareció, y le dijo: Jehová está contigo, varón esforzado y valiente. Y Gedeón le respondió: Ah, señor mío, si Jehová está con nosotros, ¿por qué nos ha sobrevenido todo esto? ¿Y dónde están todas sus maravillas, que nuestros padres nos han contado, diciendo: No nos sacó Jehová de Egipto? Y ahora Jehová nos ha desamparado, y nos ha entregado en mano de los madianitas. Y mirándole Jehová, le dijo: Ve con esta tu fuerza, y salvarás a Israel de la mano de los madianitas. ¿No te envío yo? Entonces le respondió: Ah, señor mío, ¿con qué salvaré yo a Israel? He aquí que mi familia es pobre en Manasés, y yo el menor en la casa de mi padre. Jehová le dijo: Ciertamente yo estaré contigo, y derrotarás a los madianitas como si fuera un solo hombre.

Jueces 6.11-16

Nuestra fortaleza está en que el Señor nos ha mandado, y con el llamado va la unción.

Y mirándole Jehová, le dijo: Ve con esta tu fuerza, y salvarás a Israel de la mano de los madianitas. ¿No te envío yo?

Jueces 6.14

Antes de que entremos en la Batalla Espiritual debemos saber que Dios es el Dios de paz.

Y el Dios de paz aplastará en breve a Satanás bajo vuestros pies. La gracia de nuestro Señor Jesucristo sea con vosotros.

Romanos 16.20

Nuestra naturaleza tiene que cambiar

El Señor, primeramente mandó a Gedeón a su propia casa. Es importante enseñar a nuestros hijos acerca de la batalla, si nosotros mismos estamos en medio de la batalla.

La liberación trae un altar a Dios

Cada miembro de la iglesia debe estar enterado de la batalla espiritual. Las esposas deben de ser el principal compañero en la batalla.

El hogar debe estar en orden

Dios contesta nuestras oraciones, levantándonos. Aunque después del arrepentimiento venga la opresión, debemos estar siempre luchando.

Capítulo 25

Las reglas para tomar una ciudad

Pídeme, y te daré por herencia las naciones y como posesión tuya los confines de la tierra .

Salmo 2.8

Varios libros han sido escritos sobre este tema. Incluyendo el libro de John Dawson, *La reconquista de tu ciudad* y el de Floyd McClung, *Viendo nuestra ciudades a través de los ojos de Dios.*

Dawson dice que: «Las ciudades son la mente y el corazón de las naciones». McClung afirma que: «Las ciudades son la cúspide de la sociedad en donde las ideologías, la cultura y las modas nacen, se desarrollan y fluyen para influenciar a toda su población (incluyendo a los cristianos)».

El enfoque de la guerra espiritual es principalmente abrir las puertas al evangelio. Existen muchos movimientos como: «Cristo para la ciudad» (John Huffman), «Cada hogar para Cristo» (Dick Eastman) y «Amanecer» (James Montgomery), que están desarrollando estrategias para ganar las ciudades para Dios.

El material que vamos a estudiar tiene como objetivo el tener impacto en cualquier ciudad y en todas las naciones.

Las siguientes son seis de las reglas vitales. Puede haber más, pero creemos que estas son imperativas para lograr el objetivo.

1) El área (cartografía espiritual)

Seleccionar un área manejable dentro de la cual se puedan discernir fronteras o límites espirituales.

Hay algunas ciudades lo suficientemente pequeñas para manejarse (interceder, etc.) en su totalidad. Por ejemplo Fray Bentos, Uruguay una ciudad de aproximadamente 15.000 habitantes con un cuerpo evangélico del tres porciento de la población. En cuatro días de campaña y oración, particularmente de intercesión espiritual solamente durante los últimos dos días, la iglesia vio un crecimiento de más del veinte porciento. Aunque el número de nuevos cristianos solamente aumentó en uno porciento de la población total.

Según la revista «Misión Latinoamericana» (LAM) mediante el programa de John Huffman de: «Cristo para la ciudad» se dividió la ciudad de Medellín, Colombia, de tres millones de habitantes en doscientos cincuenta y cinco vecindarios. Cada una de estas zonas fue puesta en mapas datallados que incluyeron detalles demográficos pero también espirituales. Los mapas son distribuidos a grupos específicos de oración de intercesión por todo el país y a otros países. Después de guerrear en el ámbito espiritual por períodos específicos, equipos locales visitan y oran por el área como lo hizo Josué en Jericó.

Cuando varios de los equipos se percatan del quebrantamiento en el ámbito espiritual, entonces los equipos locales visitan todos los hogares del vecindario. El proyecto comenzó en 1989 y en seis meses la iglesia creció de nueve a once mil miembros y se establecieron diez nuevas iglesias. Para 1990 la población evangélica aumentó catorce porciento más.

Uno de los grupos participantes fuera de la ciudad es la Conferencia General Bautista de los Estados Unidos. Aunque tradicionalmente no recibían con frecuencia visiones o palabras proféticas, un grupo oyó claramente la voz del Señor, que en un área específica del mapa, por la que oraban, existía un lote vacante en el que algo impedía el quebrantamiento de dicha área. Enviaron un fax al ministerio en Medellín. Estos fueron al lote vacante de esa área y hallaron cinco objetos de ocultismo maldecidos y enterrados por brujas que controlaban el vecindario. Después que estos fueron destruidos el evangelio fluyó en esa área con facilidad.

La palabra del Señor crecía y el número de discípulos prevalecía porque continuaban unánimes en el templo entregados de continuo a la oración (Véase Hechos 6.7).

Alzaron unánimes la voz a Dios [en intercesión].
Hechos 4.24

2) Los pastores

Dios nos está llamando a dejar de pelearnos entre nosotros y llevar la pelea contra el verdadero enemigo. No peleando uno contra otro, sino defendiéndonos el uno al otro. Ninguna ciudad va a ser tomada para Dios a no ser que los pastores (porteros) se unan y cada cual con la llave que le ha sido dada abra las puertas al evangelio.

Los líderes y pastores deben tener comunicación y trabajar juntos sobre todo en oración e intercesión por la ciudad en una forma frecuente. Hasta que esto no suceda es mejor no proceder.

Joel 1.14 dice: «Proclamad un ayuno, convocad asamblea; reuníos, ancianos y todos los moradores de la tierra en la casa de Jehová, vuestro Dios, y clamad a Jehová».

Hechos 4.32-33 dice que: «la multitud de los que habían creído era de un corazón y un alma... y con gran poder los apóstoles (líderes y pastores) daban testimonio de la resurrección del Señor Jesús, y abundante gracia había sobre todos ellos».

3) El cuerpo de Cristo

Es necesario proyectar la clara imagen de que el esfuerzo no es una actividad de pentecostales y carismáticos sino de todo el cuerpo de Cristo. Edgar Silvoso, argentino de trasfondo bautista dice: «La artimaña principal de Satanás es la de hacer de la guerra espiritual un punto de división mientras que el verdadero concepto es el de la guerra espiritual como fundamento de la unión del cuerpo de Cristo».

Los pentecostales y evangélicos tienen que hacer dos cosas: recibir la Palabra con solicitud y escudriñar diariamente las Escrituras para ver si estas cosas son así (Véase Hechos 17.11). Más y más líderes en todo el cuerpo de Cristo están siendo tocados por el Espíritu Santo. Esto en sí es un avance del Reino de Dios.

4) La preparación espiritual

Es necesario incorporar y asegurar la preparación de líderes y otros participantes a través del arrepentimiento, humildad y santidad. La confesión de pecado personal y corporal de la iglesia y de los antepasados debe ser al estilo de Jeremías, Nehemías, Moisés, etc., que clamaban perdón por sus pecados y los de la nación, para ver la justicia de Dios manifestada en su gracia y misericordia y no en su ira.

El orar los unos por los otros, el romper maldiciones del pasado, el pedirse perdón por celos, envidias, divisiones y sectarismos limpia los vasos del liderazgo de la ciudad y el cuerpo de Dios recibe sanidad.

5) La indagatoria (investigación)

Es necesario buscar el origen histórico de la ciudad por medios de investigación y reconocer las fuerzas espirituales que constituyen el carácter de la ciudad.

- Nueva York, Estados Unidos (Mamón).
- San Francisco, Estados Unidos (espíritus inmundos, perversión).
- Miami, Estados Unidos (espíritus de brujería y ocultismo).
- Medellín, Colombia (violencia, avaricia, y brujería).
- Brasilia, Brasil (idolatría, ocultismo).

Toda esta información nos ayuda a entender cómo y por qué debemos interceder para tomar las ciudades para el Señor.

6) Los intercesores

No todos los que oran son intercesores, aunque todos son llamados a interceder. Al igual que no todos los que profetizan son profetas, o no todos los que enseñan son maestros. Todos somos llamados a interceder pero hay algunos individuos dotados especialmente por Dios para llevar a cabo este nivel de Guerra Espiritual.

El doctor C. Peter Wagner en su libro *Tus dones espirituales pueden ayudar tu iglesia* define a un intercesor de esta manera: «El don de intercesión es la habilidad especial que Dios da a ciertos miembros del cuerpo de Cristo para orar por períodos extensos de tiempo en una forma frecuente y regular y discernir respuestas específicas a sus oraciones en un nivel mucho más alto que el esperado de otros cristianos».

Es necesario trabajar con intercesores (personas especialmente dotadas y llamadas a guerrear o batallar al nivel estratégico), para buscar la revelación de Dios en cuanto a lo siguiente:

A. El don para la redención o los talentos de una ciudad.

B. Las fortalezas de Satanás en la ciudad.

C. Los espíritus territoriales asignados a la ciudad.

D. Los pecados y maldiciones del pasado y del presente contra los cuales hay que tratar.

E. El tiempo correcto y plan de Dios para el ataque.

Finalmente, el cuerpo de Dios está llamado a interceder por los líderes cristianos. Yo aconsejo que toda persona involucrada en cualquier fase del ministerio o liderazgo debe tener intercesores personales que oren por él/ella diariamente y los cubran con oración de intercesión.

...orando también al mismo tiempo por nosotros, para que el Señor nos abra puerta para la palabra, a fin de dar a conocer el misterio de Cristo, por el cual también estoy preso.

Colosenses 4.3

Hermanos, orad por nosotros.

1 Tesalonicenses 5.25

y por mí, a fin de que al abrir mi boca me sea dada palabra para dar a conocer con denuedo el misterio del evangelio.

Efesios 6.19

Por lo demás, hermanos, orad por nosotros, para que la palabra del Señor corra y sea glorificada, así como lo fue entre vosotros...

2 Tesalonicenses 3.1

Capítulo 26

Síntesis de:
«Presentemos batalla»

El siguiente capítulo es una síntesis del tema presentado por Gary Clark, Frank Hammond, y Beth Alves ante la «Red de guerra espiritual» en la reunión del 30 de noviembre de 1990.

I. ¿Cuál es la naturaleza de la batalla?

Porque no tenemos lucha contra sangre y carne, sino contra principados, contra potestades, contra los dominadores de este mundo de tinieblas, contra huestes espirituales de maldad en las regiones celestes.

Efesios 6.12

La Biblia es muy franca en cuanto a la existencia del mundo espiritual y de cómo nos afecta aquí en la tierra. Los ángeles, querubines, serafines y demonios se mencionan con frecuencia en las Escrituras. No luchamos por cosas pequeñas e insignificantes, pero luchamos por cosas celestiales, de hecho, por el mismo cielo.

Estas áreas incluyen:

A. El poder maligno que controla a la gente y objetos en áreas definidas.

B. El poder maligno que influencia sus ideas en la actividad humana y espiritual.

C. El poder espiritual para propagar o reprimir información.

D. La promoción de verdad o mentiras.

E. Los esfuerzos para manifestar el enfoque a objetos y entidades espirituales.

II. ¿Cuáles son las estrategias?

A. Toma tus órdenes directamente de Dios. La oración es la clave para la victoria. Es esencial el conocimiento de la voluntad, dirección, estrategia y el tiempo de Dios para poder:

1. Discernir la naturaleza y el nombre del príncipe gobernante, autoridad o demonio.

2. Avalar la fuerza del enemigo y sus recursos (otros espíritus, poder político, impacto en la red de comunicación, capacidades de contraataque).

3. Organizar la fuerza de ataque en santidad, oración y unidad.

4. Discernir el tiempo del Señor para atacar.

5. Ser receptivo para la revelación especial durante el plan de ataque.

6. Moverse juntamente con los que están en autoridad para cada plan de acción.

B. Conoce a tu enemigo. Durante la II Guerra Mundial el General MacArthur declaró: «Mientras haya mayor conocimiento del enemigo, la victoria será superior». También esta es una verdad en la batalla espiritual. La entrada de Satanás viene a través de:

1. Pecados a través de generaciones.

2. Brujería.

3. Idolatría.

4. Engaño.

(1) Falsedad (como en el ocultismo).

(2) Mezclas (como en las sectas).

(3) Sustituciones (como en las falsas religiones e idolatría).

5. Mentiras (2 Tesalonicenses 2.10-12).
6. Enfermedad.
7. Pobreza.
8. Muerte, suicidio y aborto.
9. Desunión, contienda, discordia y división.
10. Juicio.
11. Juramentos.
12. Palabras verbales (Mateo 12.37).

III. ¿Cúales son los métodos para el desarme del hombre fuerte?

A. Investigar el pasado. Una vez que tengas el conocimiento y la dirección del territorio al que has sido llamado, investiga la historia de esta área (Números 13.16-18).

B. Aceptar y ejercitar la autoridad que Jesús nos ha dado sobre nuestro enemigo.

C. Arrepentirse de todo pecado. Así como lo hizo Nehemías y Daniel confesando el pecado de la nación, tenemos que hacer lo mismo. Su confesión fue el preludio de la liberación de los enemigos de la nación. No confesar el pecado le da a Satanás el derecho de continuar sus obras (Jeremías 16.10-13; Esdras 9.7).

D. Perdonar los pecados de otros. En Mateo 18.35 Jesús nos enseña la importancia del perdón. Aquel que no perdona es entregado al tormentador hasta que lo haga (también Mateo 5.23-24).

E. Derribar fortalezas. Una fortaleza representa las trincheras y fortificaciones de opiniones, puntos de vista o actitudes tomadas por un grupo de personas. Es un lugar de gran defensa por medio de relaciones y condiciones posesionales, habilidad, y contacto. Es altamente exaltado por hombres que se levantan con gran fuerza contra el evangelio, hasta interferir con y en el evangelismo.

(Derribar fortalezas es traspasar las barreras erigidas por los poderes malignos, para proteger los territorios atando y confesando lo que es ilícito sobre la tierra y en los cielos.)

F. Usar nuestras armas de batalla. Enfrentando el espíritu territorial bajo la autoridad del nombre de Jesús, usando la Palabra de Dios, atando y desatando de la manera que el Señor dirija.

Atar y desatar (Mt. 16.19). Esto se hace antes de que entremos en el territorio del enemigo. Atar significa impedir el movimiento, amarrar. Mientras que desatar significa permitir o poner en libertad. Cuando atamos al enemigo, lo atamos fuertemente para que no pueda moverse. Debemos recordar que el enemigo tiene una armadura o está en terreno legal en el que puede apoyarse o confiar. Cuando lo atamos, retiramos su sombra, oscuridad, defensa y protección.

G. Batallar con alabanza. Esta es una de las maneras más altas de la batalla (Salmo 149.6-9). Hay diferentes maneras de «alabanza guerrera». Algunas son:

1. Cantando y gritando (Josué 6.16-20).
2. Instrumentos (Josué 6.3-20; Salmo 150).
3. Palmoteando (Job 27.23; Nahum 3.19; Salmo 47.1; Salmo 18.24; Éxodo 4.4; 7.17).
4. Nuestros pies marchando, caminando, etc. (Josué 1.3; 10.24-25).
5. Dando honra y gloria a Dios por medio de Jesucristo y por el Espíritu Santo.
6. Cantando en la batalla (2 Crónicas 20.22).

H. Proclamar la Palabra y la Verdad de Dios en la presencia de nuestro enemigo (Mateo 4.4,7,10).

I. Mantener el ataque hasta que el enemigo sea conquistado.

IV. ¿Quién dispone el plan de batalla?

A. La dirección del Espíritu Santo dada por medio de la oración y la espera en Dios (Josué 6.13-15).

B. Los líderes diligentes con la confianza de la Palabra de Dios como autoridad final (Efesios 6.17).

C. Circunstancias y situaciones en las actitudes humanas también influyen en el plan.

V. ¿Quién tiene la autoridad de derribar espíritus?

A. Cada cristiano ungido por el Espíritu.

B. Líderes cristianos con un llamado especial para la batalla.

C. El cuerpo cristiano, centrado en la batalla.

VI. ¿Quién debe dirigir la batalla?

A. Líderes escogidos.

B. Intercesores ungidos por el Espíritu Santo, creyentes llenos de fe.

C. Una red mundial espiritual unida.

VII. ¿Cuánto tiempo debemos esperar que una batalla a nivel cósmico tome una situación específica?

A. Depende de la fuerza del diablo y de la fortaleza de los ataques del cristiano. Puede tomar horas o siglos.

B. Depende del tiempo de Dios y nuestra voluntad, fe, obediencia y persistencia.

VIII. Presentar un plan de acción para desarrollar el tema.

A. Organizar un grupo pequeño para investigar el tema.

B. Antes de comenzar tener el apoyo de un equipo para orar e interceder por el grupo en acción.

C. Busca al Señor en oración y ponte de acuerdo en las prioridades del tema.

D. Asigna a un grupo de investigadores para el tema e intercesores para que los cubran.

E. Mantén al grupo informado contribuyendo con todo el material para el grupo pequeño.

F. Perfecciona y finaliza la copia de presentación.

G. Como paso siguiente, busca la dirección y el tiempo del Señor. Es muy importante que sepamos exactamente qué es lo que él quiere que hagamos y cómo hacerlo (estrategia).

H. Continúa compartiendo conocimientos y experiencias para expandir la perspectiva de todos.

I. Empieza a promulgar los conocimientos ganados a través de cada ministerio y por medio de los esfuerzos de los líderes de la Red de Batalla Espiritual.

J. Concéntrate en ciudades (Bogotá, Buenos Aires, México, D.F., etc.) y naciones específicas (Colombia, Cuba, Nicaragua, etc.) para la batalla espiritual. Si es posible ve en equipos que sean dirigidos por Dios a las áreas que él te dirija.

IX. Hacer un resumen de lo que se dijo sobre el tema.

A. Satanás es territorial en su relación hacia la tierra.

B. Potestades, gobiernos, y demonios son asignados a territorios.

C. Los poderes de maldad se resisten a soltar los territorios para que Dios gobierne.

D. Se les ordena a que todos los agentes de Dios ejerciten su autoridad y poder sobre todo poder maligno.

E. Los embajadores de Dios deben ganar la guerra contra el diablo.

F. Se necesita continuar cubriendo con la oración, aún después que la victoria ha sido ganada, para prevenir el contraataque de Satanás.

X. Áreas de debate y discusión sobre el tema.

A. ¿Qué tan importante es nombrar los espíritus en la batalla?

B. ¿Se puede hablar con espíritus desencadenados?

C. ¿De qué manera podemos unirnos con otras naciones para ministrar en el área de la batalla?

D. ¿Atar es un término bíblico y una práctica correcta?

E. ¿Puede el cristiano desalojar autoridades malignas que gobiernan territorios?

F. ¿Cómo puede ser relacionada la sangre de Cristo en la batalla?

G. ¿Cómo se sabe si algún príncipe territorial ha sido desalojado?

H. ¿Sentimos que el empuje de la batalla espiritual, en una escala global, es en el tiempo y los propósitos de Dios?

I. ¿Cómo nos podemos unir con otras naciones para ministrar en estas áreas?

J. En vista de lo que el Señor nos ha enseñado, ¿qué es lo que debemos hacer acerca de la situación en nuestra ciudad, país, y los confines de la tierra?

K. ¿Quién debe estar involucrado en el equipo de batalla? ¿Y cuántos?

XI. Conclusión

A. La batalla espiritual es bíblica.

B. La iglesia está comisionada para, «Ir adelante...»

C. Dios está llamando a sus líderes a una unidad para equipar y entrenar a su ejército.

D. La oración es la guía del Espíritu Santo y es la clave esencial para la batalla espiritual.

E. La iglesia verdadera siempre tendrá que entrar en guerra espiritual.

F. La intensidad de la batalla necesita aumentar para disminuir los dos billones y medio de inconversos.

G. La iglesia completa debe ser llena del poder del Espíritu Santo para participar en la guerra.

H. La iglesia necesita triunfar sobre todo espíritu territorial para poder discipular.

I. El reino de Dios espera para que la Red de Batalla Espiritual haga su trabajo.

XII. ¿Qué más se necesita hacer?

A. Considerar los temas añadidos que se quedaron con respuestas sin contestar.

B. Investigación continua y refinamiento de recursos.

C. Establecer un «banco» donde se pueda depositar investigación de la cual la iglesia pueda obtener información histórica.

D. Intercambiar ideas con líderes de otras naciones, para ver lo que se puede hacer y si es posible añadir sus conocimientos a los nuestros.

E. Entrevistar líderes cristianos internacionales quienes estén batallando contra potestades y poderes en la proclamación del evangelio y tener estas entrevistas disponibles para otros líderes.

XIII. Materiales que contribuyeron

A. Dick Bernal, *Storming Hell's Brazen Gates*; *Come Down, Dark Prince*

B. Terry Law, *The Power of Praise and Worship*

C. Wagner and Pennyoyer, *Wrestling with Dark Angels*

D. Reinhard Bonnke, *Plunder Hell to Populate Heaven*

E. Michael Harper, *Spiritual Warfare*

F. Thomas White, *The Believer's Guide to Spiritual Warfare*

G. John Dawson, *Taking Our Cities for God*

H. William Gurnall, *The Christian in Complete Armour*, Vol. 3

I. Arthur Matthew, *Born for Battle*

J. Gary D. Kinnaman, *Overcoming the Dominion of Darkness*

NOTA: Los materiales usados vienen de aquellos quienes están llevando a cabo una investigación en la historia de la iglesia y reuniendo testimonios de la batalla espiritual, como lo ha experimentado de primera mano, Doris Wagner en el reporte de sus experiencias en Argentina. Dios confirmará esto por medio de su Palabra y a través de la «Red de guerra espiritual».

Guía de estudio

INTRODUCCIÓN
Lección 1

1. ¿Qué está diciendo el Espíritu Santo a las iglesias hoy día?

2. ¿Qué percepciones hemos tenido de la iglesia en el pasado?

3. ¿Cuáles son los tres elementos cruciales para la iglesia hoy día según George Otis Jr.?

4. ¿Cuáles son las tres instituciones que Satanás quiere destruir para impedir el cumplimiento de la Gran Comisión?

5. ¿Por qué está usted interesado en la guerra espiritual?

LOS TRES NIVELES DE GUERRA ESPIRITUAL
Lección 2

Capítulo 1

1. Defina el significado de las fortalezas que Satanás usa en la guerra espiritual.

2. Defina las tres clases de «espíritus» que la Biblia menciona.

3. ¿Qué fortalezas batallamos en el conflicto contra Satanás al nivel TERRENAL y qué institución es el enfoque de esta área de combate?

4. ¿Qué fortalezas batallamos en el conflicto contra Satanás al nivel ESPIRITUAL y qué institución es el enfoque de esta area de combate?

5. ¿Qué fortalezas batallamos en el conflicto contra Satanás al nivel ESTRATÉGICO y qué institución es el enfoque de esta área de combate?

6. ¿A qué vino Jesucristo?

7. ¿Cuál es el propósito de la guerra espiritual?

EL PROPÓSITO DE LA IGLESIA
Lección 3
Capítulo 2

1. ¿Cuál es el llamamiento de Dios a la iglesia?

2. ¿Qué nos es necesario primeramente para poder llevar a cabo nuestro llamamiento?

3. ¿Cuáles son las cosas que busca todo individuo?

4. ¿Cuáles son los cuatro deberes que Dios busca de todo cristiano?

5. ¿Cuáles son las siete áreas que Dios requiere de su iglesia y de nosotros los miembros de su Cuerpo?

6. ¿Qué clase de ministerios busca Dios?

JESÚS Y LA IGLESIA EN LA OFENSIVA
Lección 4
Capítulo 3

1. ¿A qué nivel comenzó el ministerio público del Señor Jesucristo?

2. ¿Para qué se manifestó Jesucristo? Cite dos pasajes bíblicos que nos revelan el propósito de su venida.

3. Según el Diccionario Teológico del Nuevo Testamento, ¿qué significa el término «DESIERTO»?

4. Cite tres pasajes bíblicos que nos revelan que Jesucristo delegó AUTORIDAD a los creyentes sobre los poderes del enemigo.

5. ¿Cómo se refiere la Biblia a Satanás, aún después de la Cruz? Cite el pasaje bíblico.

6. ¿Cuál es el objetivo principal de Satanás?

7. Lea Jeremías 1.10. Defina después los términos:

ARRANCAR :

DERRIBAR :

DESTRUIR :

DERROCAR :

EDIFICAR :

PLANTAR :

LAS TÁCTICAS DE SATANÁS
Lección 5

Capítulos 4-5

1. Defina el termino: ARTIMAÑAS

2. Según la Biblia, ¿cuál fue la primera institución que Dios bendijo? Cite un pasaje bíblico.

3. ¿Qué conceptos aprendemos en cuanto al desarrollo de nuestra familia?

4. Según 1 Juan 2.16, ¿cómo destruye Satanás las relaciones del ser humano con su familia y con Dios?

5. ¿Cómo viene el ataque contra el creyente?

6. Según Efesios 6.12, ¿contra quién militamos como cristianos?

7. Según 2 Corintios 10.3-5, ¿qué clase de armas nos han sido dadas y cuál es entonces nuestra batalla?

8. ¿Qué armas nos dado Dios para la Guerra Espiritual?

9. ¿A qué nos llama Dios según Nehemías 4.14? ¿Por quiénes?

10. ¿Cuál es la táctica principal de Satanás y cuáles son los resultados de esta táctica?

LA BATALLA ESPIRITUAL EN EL CAMPO DE LA MENTE
Lección 6
Capítulo 6

1. Lea 1 Corintios 2.11-14. ¿Cuáles son los tres espíritus mencionados por estas escrituras?

2. ¿Qué leyes obedecen cada uno de estos tres espíritus?

3. Según 1 Tesalonicenses 5.23, ¿de qué consiste la totalidad del ser humano?

4. ¿Cómo es llamada la conciencia del hombre en el Antiguo Testamento ? Cite tres pasajes bíblicos.

5. Defina los terminos griegos: «Pneuma» «Psyche» y «Soma».

6. Según Galatas 5, ¿cuáles son las obras de la carne y su fruto?

7. Según el mismo capítulo, ¿cuáles son las obras del espíritu y su fruto?

LOS ESPÍRITUS DESENCADENADOS
CONTRA LA IGLESIA
Lección 7
Capítulos 7-11

1. ¿Cuáles son los espíritus desencadenados para destruir la familia?

2. ¿Qué consecuencias traen el engaño y la dureza de corazón?

3. Defina los términos «Espíritu de Acusación» y «Espíritu de Rechazo».

4. ¿Cuáles son los espíritus desencadenados para destruir la Iglesia?

5. Defina el término «Espíritu» según el Diccionario del Nuevo Testamento de W. E. Vine.

6. ¿Cuáles son las características del espíritu de anticristo?

7. ¿Cuáles son las características del espíritu de Absalón?

8. ¿Cuáles son las características del espíritu de letargo?

9. ¿Cuáles son las consecuencias de la fortaleza del «amor frío»?

10. ¿Cuáles son las consecuencias del espíritu de acusación ?

11. ¿Cuáles son las características del espíritu de Jezabel ?

12. Cite 10 espíritus desencadenados contra la Iglesia.

13. Cite 10 espíritus dados al Cristiano para contrarestar el ataque del enemigo.

LA CARTOGRAFIA ESPIRITUAL
Lección 8
Capítulos 12-14

1. ¿Cuál es la definición del termino «Cartografía Espiritual»?

2. ¿Por qué es importante la Cartografía Espiritual?

3. ¿Qué relación existe entre las culturas de Babilonia y Latinoamérica?

4. ¿Qué influencia aportaron los conquistadores españoles, portugeses y franceses a las nueva tierras?

5. Defina la palabra «Huaca».

6. Defina el término «Espiritus Territoriales»

7. ¿Por qué es importante identificar y reconocer el pasado?

8. ¿Cómo se «entronan» los poderes satánicos sobre diferentes zonas geográficas?

9. ¿Qué influencia ha tenido el Espíritu de Destrucción en Latinoamérica?

10. ¿Cuáles son los tres pasos iniciales para entrar en la guerra espiritual?

LAS ARMAS DE GUERRA
Lección 9
Capítulo 15

1. ¿Cuáles son las armas de guerra que Dios nos ha dado para batallar?

2. Defina el término griego «energeo».

3. Defina el término griego «kratos».

4. Defina el término griego «ischus».

5. Según la epístola a los Efesios, ¿en qué consiste la «Armadura de Dios»?

LAS ESTRATEGIAS DE LA ORACIÓN
Lección 10
Capítulos 16-17

1. ¿Cuál es el resultado de la intercesión en evangelismo y misiones?

2. ¿Qué significa el término «atar al hombre fuerte»?

3. Defina el significado de intercesión e intercesor.

4. ¿Qué significa el termino «estrategia»?

5. Cite tres fundamentos para una batalla victoriosa.

6. Según la Biblia cite cinco elementos de nuestro llamado a orar.

EL PLAN DE RESISTENCIA:
LA GUERRA DE INTERCESIÓN
Lección 11
Capítulo 18

1. ¿Con qué proposito está Dios levantando un ejército?

2. Como soldados en el ejército de Dios, ¿qué pasos debemos tomar para orar por nuestras ciudades y naciones?

3. ¿Cuál es la diferencia entre la oración y la intercesión?

4. ¿Por qué razones en la mayoría de ocasiones no podemos destruir las fortalezas?

5. Cite los cuatro elementos del plan de resistencia.

DESTRUCCIÓN DE FORTALEZAS CON EL AYUNO
Lección 12
Capítulo 19

1. ¿Qué significa «ayunar»?

2. Cite cinco resultados del ayuno.

3. ¿Cómo debemos ayunar?

4. Cite cuatro diferentes formas de ayunar.

5. Según Isaías 58, ¿cuál es el ayuno que Jehová ha escogido?

EL PODER DE LA ALABANZA Y LA ADORACION
Lección 13
Capítulo 20

1. ¿Por qué razones alabamos y adoramos a Dios?

2. ¿Cuál es el verdadero significado de «ADORAR»?

3. ¿Cuáles son los resultados de la alabanza a Dios?

4. ¿Qué poder contiene la alabanza?

5. Cite las siete palabras hebreas que se traducen «ALABANZA» y su significado.

6. Cite ocho diferentes formas de alabar y adorar.

EL PODER DEL NOMBRE DE JESÚS
Lección 14
Capítulo 21

1. ¿De qué formas podemos ‹heredar› un nombre?

2. ¿Qué autoridad hay en en el nombre de Jesús?

3. ¿Cuál es el significado de los nombres: Jesús, Jehová, o Josué?

4. ¿Qué sucede cuando un cristiano usa el nombre de Jesús?

5. Cite un testimonio personal del uso del nombre de Jesús en su vida de oración.

ÁREAS VULNERABLES EN
LA BATALLA ESPIRITUAL
Lección 15
Capítulo 23

1. ¿Cómo describe el apóstol Pedro al adversario?

2. Cite cinco áreas en las cuales el enemigo obra para causar daño al cristiano.

3. ¿Qué sucede donde no hay visión de Dios?

4. Relate en pocas palabras los acontecimientos de 2 Crónicas 2.20.

REGLAS PARA TOMAR UNA CIUDAD
Lección 16
Capítulo 25

1. ¿Qué dicen John Dawson y Floyd Mcclung acerca de las ciudades?

2. ¿Cuál es el enfoque principal de la Guerra Espiritual?

3. Cite las seis reglas «vitales» para tomar una ciudad para Cristo.

4. Defina los tres pasos necesarios en la preparación espiritual.

5. ¿Cuál será el resultado de estos tres pasos?

6. ¿Qué revelación sobre una ciudad buscan los intercesores?

7. ¿Cuál es la obligación primordial de los cristianos en su congregación?

SINTESIS
Lección 17
Capítulo 26

1. ¿Cuál es la naturaleza de la batalla?

2. ¿Cuáles son las estrategias?

3. ¿Cuáles son los métodos para el desarme del hombre fuerte?

4. ¿Quién dispone el plan de batalla?

5. ¿Quién tiene la autoridad para derribar espíritus?

6. ¿Quién debe dirigir la batalla?

7. ¿Cuánto tiempo debemos esperar que tome una batalla a nivel cósmico?

8. ¿Qué concluimos acerca de la batalla espiritual?